VERBORGENE SCHRECKEN

---◆---

Misshandlung von älteren Menschen anprangern und unsere Lieben schützen

By
Danish Ali Bajwa et Usama Bajwa

Urheberrechte © 2023 von der Veröffentlichung RK Books

Der Inhalt dieses Buches darf in keiner Form oder auf keinem Wiedergabesystem, sei es derzeit bekannt oder später zu erfinden, ohne die ausdrückliche schriftliche Genehmigung des Autors oder des Verlags reproduziert, dupliziert oder übertragen werden. Weder der Verlag noch der Autor können für jegliche Schuld oder rechtliche Verantwortlichkeit in Bezug auf Schäden, Reparaturen oder finanzielle Verluste im Zusammenhang mit den in diesem Buch enthaltenen Informationen direkt oder indirekt haftbar gemacht werden.

Rechtliche Hinweise

Dieses Buch ist durch das Urheberrecht geschützt. Dieses Buch ist ausschließlich für den persönlichen Gebrauch bestimmt. Sie dürfen den Inhalt dieses Buches nicht verändern, verteilen, verkaufen, verwenden, zitieren oder paraphrasieren, ohne die Zustimmung des Autors oder des Verlags. Fair Use bedeutet, dass eine Zusammenfassung oder Zitat mit angemessener Anerkennung des Autors erlaubt ist.

Haftungsausschluss

Bitte beachten Sie, dass die Informationen in diesem Buch ausschließlich zu Bildungszwecken dienen. Alle Anstrengungen wurden unternommen, um genaue, aktuelle, zuverlässige und vollständige Informationen bereitzustellen. Es wird keine ausdrückliche oder implizite Garantie jeglicher Art gegeben. Die Leser erkennen an, dass der Autor keine rechtlichen, finanziellen, medizinischen oder professionellen Ratschläge erteilt. Der Inhalt dieses Buches wurde aus verschiedenen Quellen zusammengestellt. Bitte konsultieren Sie einen qualifizierten Fachmann, bevor Sie eine in diesem Buch beschriebene Technik ausprobieren. Durch das Lesen und die Nutzung dieses Buches erklärt der Leser sein Einverständnis, dass der Autor in keiner Weise für direkte oder indirekte Verluste haftbar ist, die sich aus der Verwendung der in diesem Buch enthaltenen Informationen ergeben, einschließlich, aber nicht beschränkt auf Fehler, Auslassungen oder Ungenauigkeiten.

E-Mail: rkbooks16@gmail.com

E-BOOK ISBN: 978-969-3492-45-3

GEBUNDENES BUCH ISBN: 978-969-3492-46-0

TASCHENBUCH ISBN: 978-969-3492-47-7

AUTORENBIOGRAFIE

Danish Ali Bajwa und Usama Bajwa, die gemeinsam als die Brüder Bajwa bekannt sind, bilden ein dynamisches Autorenduo, das für seine vielfältige Palette von veröffentlichten Werken in verschiedenen Genres anerkannt ist. In einem Haushalt geboren und aufgewachsen, in dem Kreativität und Wissen tief geschätzt wurden, haben diese Brüder ihr angeborenes Erzähltalent und ihre Entdeckungsfreude genutzt, um eine blühende Karriere in der Literatur zu verfolgen.

Danish Ali Bajwa ist ein produktiver Schriftsteller mit der einzigartigen Fähigkeit, eine vielfältige Leserschaft anzusprechen. Mit einer klaren Stimme hat er zu einer breiten Sammlung von Kinderbüchern beigetragen, in denen er auf elegante Weise wichtige Lebenslektionen mit fesselnden Erzählungen verknüpft, die bei jungen Geistern Anklang finden. Neben Kinderliteratur umfasst das Portfolio von Usama auch mehrere Motivationsbücher. Er besitzt die außergewöhnliche Gabe, die Leser durch überzeugende Erzählungen und authentische Porträts des menschlichen Geistes zu erheben und zu inspirieren. Usamas Worte dienen als Leuchtfeuer der Positivität, das die Leser dazu inspiriert, ihre Ängste zu überwinden und ihr wahres Potenzial zu entfalten.

Usama Bajwa bringt andererseits eine analytische Perspektive in ihre Schreibkooperation ein. Mit einem starken Interesse an der Schnittstelle zwischen Wirtschaft und Technologie hat Danish mehrere informative Bücher verfasst, um komplexe Themen für die Leser zugänglich und fesselnd zu machen. Danishs Fachwissen in den Bereichen Wirtschaft und Technologie spiegelt sich in seinen umfassenden und intuitiven Leitfäden wider. Er brilliert darin, innovative Ideen und zukünftige Trends mit einem fundierten Verständnis für zeitgenössische Geschäftsbedürfnisse zu präsentieren, was seine Bücher zu einer unverzichtbaren Referenz in den Bibliotheken ehrgeiziger Unternehmer und Technikbegeisterter macht.

Gemeinsam haben Danish und Usama einen einzigartigen und vielfältigen Schreibstil entwickelt, der ihre Leser von der ersten bis zur letzten Seite in den Bann zieht. Ihre Bücher spiegeln oft die Synergie ihrer unterschiedlichen Interessen und Fachkenntnisse sowie das kraftvolle Gleichgewicht zwischen Emotion und Logik wider. Trotz ihrer vielfältigen Interessen teilen sie das Engagement, hochwertige Literatur zu schaffen, die gleichermaßen fesselnd und aufklärend ist. Die Brüder Bajwa setzen ihre Präsenz in der Literaturwelt fort und hinterlassen ein Erbe von klugen, anregenden und bezaubernden Büchern, die wirklich einen Unterschied machen.

VORWORT

Misshandlung von älteren Menschen ist ein heimtückisches Problem, das in unserer Gesellschaft grassiert und dennoch oft vor der Öffentlichkeit verborgen bleibt. Während wir mit einer zunehmenden Zahl von älteren Menschen konfrontiert sind und mit den einzigartigen Herausforderungen, denen sie gegenüberstehen, ist es unerlässlich, dieses Thema ans Licht zu bringen und Maßnahmen zum Schutz unserer Angehörigen zu ergreifen. Dieses Buch mit dem Titel "Verborgene Grausamkeiten: Aufdecken von Misshandlungen älterer Menschen und Schutz unserer Angehörigen" ist ein Aufruf zum Handeln, ein Plädoyer für Mitgefühl und ein Leitfaden, um die Komplexitäten von Misshandlungen älterer Menschen zu verstehen.

Die Inspiration für dieses Buch entstand aus der Erkenntnis, dass Misshandlungen älterer Menschen nicht die Aufmerksamkeit und Dringlichkeit erhalten, die sie verdienen. Unsere alternde Bevölkerung verdient es, ihre letzten Jahre in Sicherheit, Respekt und Würde zu verbringen. Es liegt in unserer Verantwortung als Gesellschaft, sicherzustellen, dass sie vor Schaden geschützt werden und ihre Rechte gewahrt bleiben.

Dieses Buch verfolgt zwei Hauptziele. Erstens möchten wir die verborgenen Grausamkeiten von Misshandlungen älterer Menschen enthüllen - die verschiedenen Formen von Misshandlungen, denen ältere Menschen oft im Stillen ausgesetzt sind, ans Licht bringen. Indem wir die Realitäten von Misshandlungen älterer Menschen aufdecken, hoffen wir, das Bewusstsein zu schärfen und ein kollektives Verständnis für die Herausforderungen zu schaffen, mit denen ältere Menschen konfrontiert sind.

Zweitens streben wir danach, die Leser mit dem Wissen und den Werkzeugen auszustatten, die notwendig sind, um Misshandlungen älterer Menschen zu erkennen und effektiv damit umzugehen. Indem wir die verschiedenen Formen von Misshandlungen erforschen, Warnzeichen erkennen und die beitragenden Faktoren besprechen, hoffen wir, die Leser zu befähigen, in ihrem persönlichen Leben, innerhalb ihrer Familien, Gemeinschaften und darüber hinaus zu handeln.

Dieses Buch dient als umfassende Ressource für Einzelpersonen, Betreuer, Fachleute und Entscheidungsträger. Es bietet Informationen, Strategien und Ressourcen zur Prävention, Erkennung und Behandlung von Misshandlungen älterer Menschen. Von der Verständigung über die Dynamik von Missbrauch bis hin zur Unterstützung politischer Veränderungen bietet jedes Kapitel wertvolle Informationen und umsetzbare Schritte zum Schutz unserer Angehörigen und zum Aufbau einer Zukunft frei von Misshandlungen älterer Menschen.

Obwohl der Inhalt dieses Buches umfassend ist, ist es wichtig anzuerkennen, dass es keine einzelne Lösung für das komplexe Problem der Misshandlung älterer Menschen bieten kann. Jede Situation ist einzigartig, und der Umgang mit Misshandlungen älterer Menschen erfordert einen multidimensionalen Ansatz, der die spezifischen Umstände und Bedürfnisse der beteiligten Personen berücksichtigt. Die in diesem Buch präsentierten Informationen, Ideen und Strategien dienen jedoch als Grundlage für das Verständnis und die Handlung.

Es ist von entscheidender Bedeutung, das Thema der Misshandlungen älterer Menschen mit Empathie und Mitgefühl anzugehen. Während wir uns den Komplexitäten dieses Problems stellen, ist es wichtig zu bedenken, dass Misshandlungen älterer Menschen echte Menschen betreffen - unsere Eltern, Großeltern, Freunde und Nachbarn. Es liegt in unserer Verantwortung, sie zu schützen und sich für sie einzusetzen. Durch Förderung des Bewusstseins, Ermutigung zur offenen Kommunikation und Hinterfragung von Altersdiskriminierung können wir eine Gesellschaft schaffen, die ältere Menschen schätzt und respektiert und sicherstellt, dass sie in Würde und ohne Missbrauch altern können.

Wir hoffen, dass dieses Buch ein Katalysator für Veränderungen sein wird. Indem wir die verborgenen Grausamkeiten von Misshandlungen älterer Menschen in den Vordergrund stellen, möchten wir Handlungen inspirieren, den Dialog erleichtern und die Zusammenarbeit zwischen Einzelpersonen, Familien, Gemeinschaften und Entscheidungsträgern fördern. Gemeinsam können wir eine Gesellschaft schaffen, in der ältere Menschen geschätzt, geschützt und befähigt werden, ihr Leben in vollen Zügen zu leben.

Wir laden Sie, liebe Leserinnen und Leser, ein, diese Reise mit uns anzutreten. Öffnen wir unsere Herzen und unseren Verstand für die verborgenen Grausamkeiten von Misshandlungen älterer Menschen, verpflichten wir uns, unsere Angehörigen zu schützen und eine Zukunft zu gestalten, in der Misshandlungen älterer Menschen ausgerottet sind. Die Zeit zum Handeln ist gekommen, und gemeinsam können wir einen nachhaltigen Unterschied im Leben älterer Menschen bewirken und eine bessere Zukunft für kommende Generationen sicherstellen.

INHALTSVERZEICHNIS

Einführung 1

Kapitel 1 Verständnis von Misshandlungen älterer Menschen Definition des Problems 4

Kapitel 2 Die Anzeichen erkennen: Misshandlung bei unseren Liebsten identifizieren 20

Kapitel 3 Die Profile der Täter: Die Täter entlarven 36

Kapitel 4 Die dunklen Ecken enthüllen: Erforschung anfälliger Umgebungen für Missbrauch 49

Kapitel 5 Das Schweigen brechen Melden und Eingreifen fördern 70

Kapitel 6 Rechtliche Rahmenbedingungen: Verständnis der Rechte und Schutzmaßnahmen für Senioren 91

Kapitel 7 Vorbeugende Maßnahmen zum Schutz unserer Angehörigen 112

Kapitel 8 Befähigung von Pflegepersonen: Schulung und Unterstützung für qualitativ hochwertige Betreuung 136

Kapitel 9 Heilung und Genesung: Rehabilitation für Missbrauchsüberlebende 157

Kapitel 10 Eine Bessere Zukunft Schaffen: Advocacy und Politikänderungen 178

Fazit 217

Einführung

In den ruhigen Ecken unserer Gesellschaft besteht ein düsteres und allgegenwärtiges Problem - die Misshandlung von Senioren. Hinter verschlossenen Türen werden ältere Menschen verschiedenen Formen von Misshandlung ausgesetzt, ihr Vertrauen wird gebrochen und ihr Wohl beeinträchtigt. Es handelt sich um ein zutiefst beunruhigendes Problem, das unsere Aufmerksamkeit, unser Mitgefühl und unser gemeinsames Handeln erfordert. Dieses Buch, "Verborgene Schrecken: Aufdeckung von Misshandlungen älterer Menschen und Schutz unserer Angehörigen", zielt darauf ab, Licht auf diese dunkle Realität zu werfen, ihre Komplexitäten zu enträtseln und Einblicke in den Schutz unserer alternden Bevölkerung zu bieten.

In den Seiten dieses Buches begeben wir uns auf eine Reise des Verstehens und der Fürsprache. Wir tauchen ein in die verschiedenen Formen von Misshandlungen älterer Menschen, angefangen von körperlicher und emotionaler Misshandlung bis hin zur finanziellen Ausbeutung und Vernachlässigung. Indem wir diese Formen untersuchen, hoffen wir, unseren Horizont zu erweitern und unser Bewusstsein für die Herausforderungen, mit denen ältere Menschen konfrontiert sind, zu vertiefen.

Obwohl Misshandlungen älterer Menschen verborgen zu sein scheinen, sind die Anzeichen oft vorhanden und warten darauf, erkannt zu werden. Dieses Buch soll die Leser mit dem Wissen und den Werkzeugen ausstatten, um die Warnsignale zu erkennen und angemessen zu handeln. Wir erforschen die Anzeichen von Misshandlung - körperliche Verletzungen, plötzliche Verhaltensänderungen, soziale Isolation und finanzielle Unregelmäßigkeiten - in dem Bestreben, die Leser dazu zu befähigen, wachsam zu sein und auf die Bedürfnisse ihrer Angehörigen zu reagieren.

Um das Problem effektiv anzugehen, ist es entscheidend, die komplexen Faktoren zu verstehen, die zur Misshandlung älterer Menschen beitragen. Wir gehen auf die gesellschaftlichen und individuellen Dynamiken ein, die diesen Handlungen zugrunde liegen, und erkunden Altersdiskriminierung, Belastungen von Pflegepersonen, soziale Isolation und den Mangel an Bewusstsein und Ressourcen als wesentliche Faktoren. Indem wir Licht auf diese Faktoren werfen, hoffen wir, ein tieferes Verständnis für die Ursachen zu fördern und Handlungen auf mehreren Ebenen anzuregen.

Es reicht nicht aus, nur die Anzeichen zu erkennen und die Beitragenden Faktoren zu verstehen; wir müssen auch gemeinsam daran arbeiten, eine Gesellschaft zu schaffen, in der Misshandlung älterer Menschen wirksam verhindert und angegangen wird. Dieses Buch geht auf die Bedeutung der Beteiligung der Gemeinschaft, rechtlicher Rahmenbedingungen und systemischer Veränderungen in der Seniorenpflege ein. Wir erkunden die Bedeutung des Aufbaus starker Unterstützungsnetzwerke, die Förderung intergenerationaler Verbindungen und das Eintreten für politische Veränderungen zum Schutz der Rechte und des Wohlbefindens älterer Menschen.

Darüber hinaus behandeln wir die wichtige Rolle von Pflegepersonen bei der Verhinderung und Bewältigung von

Misshandlungen älterer Menschen. Pflegepersonen tragen immense Verantwortung und Einfluss im Leben älterer Menschen, und es ist unerlässlich, ihnen die Unterstützung und Ressourcen zu bieten, die notwendig sind, um qualitativ hochwertige Pflege zu leisten und gleichzeitig die Würde der ihnen Anvertrauten zu wahren. Wir diskutieren das Ausbrennen von Pflegepersonen, Stressbewältigung und Schulungsprogramme, die Pflegepersonen mit den Fähigkeiten und der Widerstandsfähigkeit ausstatten können, die sie benötigen, um den Herausforderungen, denen sie möglicherweise gegenüberstehen, zu begegnen.

Im Laufe dieses Buches betonen wir die Bedeutung von Bildung, Bewusstseinsbildung und Fürsprache. Durch die Verbreitung von Wissen, die Erhöhung des Bewusstseins und die Beteiligung an Advocacy-Bemühungen können wir gemeinsam daran arbeiten, eine Zukunft zu schaffen, in der Misshandlungen älterer Menschen beseitigt werden und ältere Menschen mit Würde, Respekt und der Lebensqualität altern können, die sie verdienen. Wir rufen die Leser dazu auf, sich uns in diesem wichtigen Unterfangen anzuschließen, da jede Einzelperson eine Rolle dabei spielt, unsere Angehörigen zu schützen und eine Gesellschaft aufzubauen, die ihre alternde Bevölkerung schätzt und schützt.

KAPITEL 1
Verständnis von Misshandlungen älterer Menschen Definition des Problems

Misshandlung älterer Menschen ist ein drängendes Problem, das unsere Aufmerksamkeit und Handeln erfordert. In diesem Kapitel werden wir uns mit den Komplexitäten von Misshandlungen älterer Menschen auseinandersetzen, ihre verschiedenen Formen untersuchen, beunruhigende Statistiken und Verbreitungsraten erkunden und die zugrunde liegenden Faktoren analysieren, die zu ihrem Auftreten beitragen. Indem wir das Problem in seinem Kern verstehen, können wir beginnen, es effektiv anzugehen und unsere älteren Angehörigen zu schützen.

Die Formen von Misshandlungen älterer Menschen

Misshandlungen älterer Menschen umfassen eine Reihe schädlicher Handlungen und Verhaltensweisen, die gegen ältere Erwachsene gerichtet sind. Dazu gehören körperliche Misshandlung, bei der Schmerz, Verletzung oder körperliche Einschränkung zugefügt wird. Emotionale Misshandlung bezieht sich auf Handlungen, die Unbehagen, Demütigung oder psychischen Schaden verursachen, wie Isolation, verbale Beleidigungen oder Bedrohungen. Finanzielle Ausbeutung beinhaltet die illegale oder unangemessene Verwendung der Gelder, Vermögenswerte oder Eigentümer älterer Menschen. Sexuelle

Misshandlung umfasst nicht-einvernehmliche sexuelle Handlungen, Nötigung oder unangemessenes Verhalten. Vernachlässigung, das Versäumnis, die notwendige Pflege und Unterstützung bereitzustellen, ist ebenfalls eine Form von Misshandlung älterer Menschen.

Das Ausmaß des Problems

Die Verbreitung von Misshandlungen älterer Menschen ist äußerst besorgniserregend. Statistiken zeigen, dass eine signifikante Anzahl älterer Erwachsener in verschiedenen Umgebungen Misshandlungen erlebt, einschließlich ihrer eigenen Häuser, Pflegeheime oder anderen Betreuungseinrichtungen. Es ist jedoch entscheidend zu erkennen, dass Misshandlungen älterer Menschen aufgrund von Faktoren wie Angst, Scham und Abhängigkeit vom Täter oft stark unterberichtet sind. Schätzungen legen nahe, dass nur ein Bruchteil der Misshandlungsfälle gemeldet wird, was ein deutliches Bild von den verborgenen Schrecken zeichnet, denen viele Senioren ausgesetzt sind.

Faktoren, die zu Misshandlungen älterer Menschen beitragen

Um Misshandlungen älterer Menschen vollständig zu verstehen, müssen wir die Faktoren untersuchen, die zu ihrem Auftreten beitragen. Ein Faktor ist die soziale Isolation, da ältere Menschen, die keine sozialen Verbindungen haben, anfälliger für Misshandlungen sind. Altersdiskriminierung, die Stereotypen aufrechterhält und ältere Erwachsene marginalisiert, spielt ebenfalls eine Rolle bei der Begünstigung von Misshandlungen. Pflegepersonenstress ist ein weiterer bedeutender Faktor, da die Anforderungen und Belastungen der Pflege manchmal zu missbräuchlichem Verhalten führen können. Das Verständnis dieser mitwirkenden Faktoren hilft uns, die zugrunde liegenden Ursachen anzugehen und umfassende Lösungen zu entwickeln.

Soziale Isolation

Soziale Isolation ist ein verbreiteter Risikofaktor für Misshandlungen älterer Menschen. Ältere Menschen, die sozial isoliert sind, haben oft nicht die notwendigen Unterstützungsnetzwerke für Eingriffe und Schutz. Sie können anfälliger für Manipulation und Ausbeutung sein, was sie zu leichteren Zielen für Täter macht. Indem wir die Bedeutung sozialer Verbindungen erkennen und Strategien zur Bekämpfung von Isolation umsetzen, können wir das Risiko von Misshandlungen verringern.

Altersdiskriminierung

Altersdiskriminierung perpetuiert negative Stereotypen und Vorurteile gegen ältere Menschen, was zu Diskriminierung und Marginalisierung führt. Diese Einstellungen können die Würde und den Wert von Senioren untergraben und sie anfälliger für Misshandlungen machen. Indem wir altersdiskriminierende Überzeugungen in Frage stellen und intergeneratives Verständnis und Respekt fördern, können wir eine Kultur schaffen, die die Rechte älterer Menschen schätzt und schützt.

Stress bei Pflegepersonen

Pflegepersonen, sei es die Familie oder Fachkräfte, stehen oft vor erheblichem Stress und Burnout, während sie ältere Menschen betreuen. Die Anforderungen der Pflege, gepaart mit begrenzten Ressourcen und Unterstützung, können das Risiko von missbräuchlichem Verhalten erhöhen. Durch die Umsetzung umfassender Programme zur Unterstützung von Pflegepersonen, einschließlich Kurzzeitpflege, Beratung und Bildung, können wir den Stress bei Pflegepersonen lindern und das Auftreten von Misshandlungen verringern.

Die Auswirkungen von Misshandlungen älterer Menschen

Misshandlungen älterer Menschen haben verheerende Auswirkungen auf das Wohlbefinden älterer Erwachsener. Opfer können körperliche Verletzungen, emotionale Traumata, finanzielle Ruin und einen Rückgang der allgemeinen Gesundheit erleiden. Die Auswirkungen können lang anhaltend sein und das Vertrauen, das Selbstwertgefühl und die Fähigkeit zur unabhängigen Lebensführung untergraben. Das Erkennen der tiefgreifenden Auswirkungen von Misshandlungen unterstreicht die Dringlichkeit, dieses Problem anzugehen und Unterstützung und Ressourcen für Betroffene bereitzustellen.

Das Verständnis der Komplexität von Misshandlungen älterer Menschen ist entscheidend für unser Bestreben, unsere Angehörigen zu schützen. Indem wir die verschiedenen Formen von Misshandlungen begreifen, das Ausmaß des Problems erkennen und die beitragenden Faktoren analysieren, gewinnen wir wertvolle Einblicke in die Dynamik. Mit diesem Wissen können wir umfassende Strategien entwickeln, das Bewusstsein schärfen und eine Kultur des Respekts und der Würde für ältere Menschen fördern. Dabei nehmen wir die ersten Schritte, um die verborgenen Schrecken von Misshandlungen älterer Menschen aufzudecken und das Wohlbefinden unserer Senioren zu schützen.

Unterschiedliche Formen von Misshandlungen älterer Menschen

Misshandlungen älterer Menschen umfassen eine Reihe schädlicher Handlungen und Verhaltensweisen, die gegen ältere Erwachsene gerichtet sind. Jede Form von Misshandlung älterer Menschen stellt einzigartige Herausforderungen dar und beeinflusst das Wohlbefinden und die Würde älterer Menschen. In diesem Abschnitt werden wir die verschiedenen Formen von Misshandlungen älterer Menschen im Detail erkunden und Licht auf die Natur jeder Form werfen sowie auf die schädlichen Auswirkungen, die sie auf das Leben von Senioren haben können.

Körperliche Misshandlung

- Körperliche Misshandlung beinhaltet den Einsatz von Gewalt, der bei älteren Menschen Schmerzen, Verletzungen oder körperlichen Schaden verursacht. Diese Form von Misshandlung kann sich durch Schlagen, Ohrfeigen, Stoßen, Fesseln oder den übermäßigen Einsatz von Kraft während der Pflegeaktivitäten manifestieren. Körperliche Misshandlung kann sichtbare Anzeichen wie blaue Flecken, Brüche, Verbrennungen oder unerklärliche Verletzungen hinterlassen. Sie verursacht nicht nur unmittelbare körperliche Schmerzen, sondern beeinträchtigt auch das mentale und emotionale Wohlbefinden älterer Menschen.

- Die Folgen körperlicher Misshandlung können schwerwiegend sein und zu chronischen Schmerzen, Behinderungen und einem Rückgang der allgemeinen Gesundheit führen. Opfer können verstärkte Angst, Angstzustände und einen Verlust des Vertrauens in andere erleben. Die Auswirkungen körperlicher Misshandlung können sowohl physisch als auch psychisch sein, langanhaltendes Trauma verursachen und die Lebensqualität der betroffenen Person beeinträchtigen.

Emotionale und psychologische Misshandlung

- Emotionale oder psychologische Misshandlung umfasst Verhaltensweisen, die einem älteren Menschen emotionale Schmerzen, Unbehagen oder Qual zufügen. Diese Form der Misshandlung ist oft durch Drohungen, Beleidigungen, Einschüchterung, Demütigung oder Isolation gekennzeichnet. Täter können Kontrolle ausüben, indem sie die Emotionen, Gedanken und Handlungen der älteren Person manipulieren. Emotionale Misshandlung kann schwer zu erkennen sein, da sie keine physischen Spuren hinterlässt, aber ihre Auswirkungen können tiefgreifend schädlich sein.

- Ältere Menschen, die emotionale Misshandlung erleben, können unter Angst, Depressionen, geringem Selbstwertgefühl und einem Gefühl der Hilflosigkeit leiden. Sie können sich von sozialen Aktivitäten zurückziehen, das Interesse an früher genossenen Hobbys verlieren und sozial isoliert werden. Die ständige Angst und der Stress, die mit emotionaler Misshandlung einhergehen, können das geistige Wohlbefinden der betroffenen Person aushöhlen und langfristige psychologische Folgen haben.

Finanzielle Misshandlung

- Finanzielle Misshandlung bezieht sich auf die unbefugte oder unangemessene Verwendung von Geldern, Vermögenswerten oder Eigentum einer älteren Person. Sie umfasst Handlungen wie Diebstahl, Betrug, Nötigung, unangemessenen Einfluss oder Ausbeutung. Täter können die ältere Person manipulieren, um die finanzielle Kontrolle zu übernehmen, ihre Bankkonten missbrauchen oder sie dazu verleiten, ihre Vermögenswerte wegzugeben. Finanzielle Misshandlung kann zu erheblichen finanziellen Verlusten führen und das Opfer in eine verwundbare und prekäre Lage versetzen.

- Die Auswirkungen finanzieller Misshandlung reichen über den monetären Verlust hinaus. Ältere Menschen, die finanzielle Misshandlung erleben, können von finanzieller Unsicherheit betroffen sein, was ihre Fähigkeit beeinträchtigt, grundlegende Bedürfnisse zu decken und ihre Unabhängigkeit aufrechtzuerhalten. Sie können Gefühle des Verrats, des Vertrauensverlusts und der Machtlosigkeit erleben. Finanzielle Misshandlung kann auch langfristige Auswirkungen auf das finanzielle Wohlbefinden und die Lebensqualität der betroffenen Person haben.

Sexuelle Misshandlung

- Sexuelle Misshandlung beinhaltet jede nicht-einvernehmliche sexuelle Berührung, Nötigung oder unangemessenes Verhalten gegenüber einem älteren Erwachsenen. Diese Form von Misshandlung kann in verschiedenen Umgebungen auftreten, einschließlich Pflegeheimen, Betreuungseinrichtungen oder im Kontext von Beziehungen. Täter können die Verletzlichkeit oder kognitiven Beeinträchtigungen der älteren Person ausnutzen, um sexuelle Handlungen ohne ihre Zustimmung durchzuführen.

- Die Auswirkungen sexueller Misshandlung auf ältere Menschen sind verheerend. Opfer können physische Verletzungen, Traumata und tiefgreifende emotionale Belastungen erleiden. Die Verletzung von Grenzen und die Einschränkung der persönlichen Autonomie können langanhaltende Auswirkungen auf das Selbstwertgefühl, das Vertrauen und die Fähigkeit zur Bildung gesunder Beziehungen haben.

Vernachlässigung

- Vernachlässigung bezieht sich auf das Versäumnis, einem älteren Menschen die notwendige Pflege, Unterstützung oder Schutz bereitzustellen. Sie kann sich als mangelnde angemessene Ernährung, Unterkunft, medizinische Versorgung, persönliche Hygienehilfe oder emotionale Unterstützung manifestieren. Vernachlässigung kann absichtlich oder unbeabsichtigt sein und resultiert aus Stress bei Pflegepersonen, mangelnden Ressourcen oder unzureichender Schulung.

- Die Folgen von Vernachlässigung können schwerwiegend sein und zu einem Rückgang der körperlichen Gesundheit, Unterernährung, unbehandelten medizinischen Zuständen und einem erhöhten Unfall- oder Verletzungsrisiko führen. Vernachlässigte ältere Menschen können Gefühle von Verlassenheit, Isolation und durch Vernachlässigung verursachtem Trauma erleben. Der Mangel an grundlegender Pflege und Unterstützung untergräbt ihr Wohlbefinden und gefährdet ihre Sicherheit.

Das Verständnis der unterschiedlichen Formen von Misshandlungen älterer Menschen ist entscheidend, um dieses ernsthafte Problem zu erkennen und anzugehen. Jede Form von Misshandlung stellt einzigartige Herausforderungen dar und beeinträchtigt das physische, emotionale und finanzielle Wohlbefinden älterer Erwachsener. Durch die Steigerung des Bewusstseins, die Förderung von Bildung und die Schaffung einer Kultur des Respekts und des Schutzes können wir daran arbeiten, Misshandlungen älterer Menschen zu verhindern und anzugehen. Es liegt in unserer gemeinsamen Verantwortung, die Sicherheit, Würde und das Wohlbefinden unserer älteren Angehörigen zu gewährleisten.

Statistiken und Verbreitung von Misshandlungen älterer Menschen

Misshandlung älterer Menschen ist ein weitverbreitetes Problem, das eine bedeutende Anzahl älterer Erwachsener weltweit betrifft. Aufgrund ihrer oft verdeckten und unterberichteten Natur kann es jedoch eine Herausforderung sein, genaue Statistiken über Misshandlungen älterer Menschen zu erfassen. In diesem Abschnitt werden wir die verfügbaren Daten untersuchen und auf die Verbreitung von Misshandlungen älterer Menschen eingehen, um das Ausmaß des Problems zu beleuchten.

Die Herausforderungen bei der Datenerhebung

Eine der Hauptbarrieren bei der Erfassung genauer Statistiken über Misshandlungen älterer Menschen ist die Zurückhaltung der Opfer, Misshandlungen zu melden. Viele ältere Menschen fürchten Repressalien, schämen sich oder sind peinlich berührt oder sind auf ihre Täter für Pflege oder Unterstützung angewiesen. Darüber hinaus können kognitive Beeinträchtigungen wie Demenz ihre Fähigkeit beeinträchtigen, die Misshandlung zu erkennen oder zu kommunizieren. Infolgedessen wird angenommen, dass die tatsächliche Verbreitung von Misshandlungen älterer Menschen viel höher ist als die gemeldeten Zahlen vermuten lassen.

Globale Schätzungen

Obwohl zuverlässige globale Daten zu Misshandlungen älterer Menschen begrenzt sind, bieten Studien und Umfragen, die in verschiedenen Ländern durchgeführt wurden, wertvolle Einblicke in ihre Verbreitung. Laut Weltgesundheitsorganisation (WHO) erlebt weltweit etwa 1 von 6 älteren Erwachsenen irgendeine Form von Misshandlung. Diese Schätzung, basierend auf verfügbaren Daten, legt nahe, dass weltweit etwa 141 Millionen ältere Menschen von Misshandlungen betroffen sind.

Körperliche Misshandlung

Körperliche Misshandlung ist eine der sichtbarsten Formen von Misshandlungen älterer Menschen, was es relativ einfacher macht, sie zu verfolgen und zu dokumentieren. Studien deuten darauf hin, dass körperliche Misshandlung eine signifikante Anzahl älterer Menschen betrifft. Laut dem National Center on Elder Abuse (NCEA) in den Vereinigten Staaten haben etwa 10% der älteren Erwachsenen körperliche Misshandlung erlebt, die oft zu Verletzungen wie Blutergüssen, Brüchen oder inneren Verletzungen führt.

Emotionale und psychologische Misshandlung

Emotionale und psychologische Misshandlung ist aufgrund ihrer verdeckten Natur schwer quantifizierbar. Forschung und Umfragen liefern jedoch Einblicke in ihre Verbreitung. Studien legen nahe, dass etwa 12% der älteren Erwachsenen von emotionaler Misshandlung betroffen sind. Die misshandelnden Verhaltensweisen umfassen Drohungen, Beleidigungen,

Demütigung, Isolation und Manipulation, die erhebliche psychische Belastungen verursachen und das geistige Wohlbefinden älterer Menschen untergraben.

Finanzielle Misshandlung

Finanzielle Misshandlung ist eine wachsende Sorge mit schwerwiegenden Folgen für ältere Menschen. Schätzungen legen nahe, dass weltweit zwischen 3% und 5% der älteren Menschen finanzielle Misshandlung erfahren. Diese Zahl ist jedoch wahrscheinlich eine Unterschätzung aufgrund von Unterberichterstattung. Finanzielle Misshandlung kann zu erheblichen finanziellen Verlusten führen, ältere Menschen in verwundbare und prekäre Situationen bringen und ihre Fähigkeit beeinträchtigen, grundlegende Bedürfnisse zu decken und ihre Unabhängigkeit aufrechtzuerhalten.

Sexuelle Misshandlung

Sexuelle Misshandlung älterer Menschen ist eine belastende und oft nicht gemeldete Form von Misshandlung. Aufgrund von gesellschaftlichen Tabus und mangelndem Bewusstsein sind zuverlässige Statistiken zu ihrer Verbreitung selten. Studien zeigen jedoch, dass etwa 1-3% der älteren Erwachsenen sexuelle Misshandlung erleben könnten. Diese Form der Misshandlung kann schwerwiegende physische, emotionale und psychologische Folgen haben und zu Traumata führen, die das Wohlbefinden älterer Menschen langfristig beeinträchtigen.

Vernachlässigung

Vernachlässigung ist eine verbreitete Form von Misshandlung älterer Menschen, insbesondere in Betreuungseinrichtungen. Studien zeigen, dass etwa 14% der älteren Erwachsenen von

Vernachlässigung betroffen sind. Vernachlässigung kann sich als mangelnde angemessene Ernährung, unzureichende medizinische Versorgung, unhygienische Lebensbedingungen oder unzureichende emotionale Unterstützung manifestieren. Sie birgt erhebliche Risiken für das physische und mentale Wohlbefinden älterer Menschen und führt zu verschlechternder Gesundheit, Verletzungen und beeinträchtigter Lebensqualität.

Unterschiedliche Verbreitung

Es ist wichtig zu beachten, dass die Verbreitung von Misshandlungen älterer Menschen je nach Ländern und kulturellen Kontexten variiert. Faktoren wie gesellschaftliche Einstellungen gegenüber älteren Menschen, Zugang zu sozialen Unterstützungsnetzwerken und die Qualität der Dienstleistungen für ältere Menschen können das Auftreten und die Berichterstattung von Misshandlungen beeinflussen. Darüber hinaus stützen sich Studien oft auf unterschiedliche Methoden und Stichprobengrößen, was direkte Vergleiche zwischen Ländern erschwert.

Misshandlungen älterer Menschen sind ein weitverbreitetes Problem, das Millionen von älteren Erwachsenen weltweit betrifft. Obwohl genaue Statistiken zur Verbreitung schwierig zu erhalten sind, liefern verfügbare Daten und Forschungsergebnisse Hinweise darauf, dass eine bedeutende Anzahl älterer Erwachsener verschiedene Formen von Misshandlungen erlebt. Es ist jedoch wichtig zu bedenken, dass diese Zahlen das wahre Ausmaß des Problems wahrscheinlich unterschätzen, aufgrund von Unterberichterstattung und der verdeckten Natur von Misshandlungen älterer Menschen. Um dieses Problem effektiv anzugehen, ist es entscheidend, das Bewusstsein weiter zu schärfen, Datenerfassungsmethoden zu verbessern und umfassende

Strategien zur Verhinderung und Bekämpfung von Misshandlungen älterer Menschen auf globaler Ebene umzusetzen.

Faktoren, die zu Misshandlungen älterer Menschen beitragen

Misshandlungen älterer Menschen sind ein komplexes Problem, das von verschiedenen Faktoren beeinflusst wird, die zu ihrem Auftreten beitragen. Um Misshandlungen älterer Menschen wirksam anzugehen und zu verhindern, ist es entscheidend, diese beitragenden Faktoren und ihre Wechselwirkungen zu verstehen. In diesem Abschnitt werden wir die zugrunde liegenden Ursachen und Umstände untersuchen, die zu Misshandlungen älterer Menschen führen können, und die komplexen Dynamiken beleuchten, die dabei eine Rolle spielen.

Soziale Isolation Soziale Isolation ist ein bedeutender Risikofaktor für Misshandlungen älterer Menschen. Ältere Erwachsene, die keine sozialen Verbindungen und Unterstützungssysteme haben, sind anfälliger für Misshandlungen. Soziale Isolation kann durch Faktoren wie den Verlust eines Ehepartners oder von Freunden, räumliche Entfernung von der Familie, eingeschränkte Mobilität oder begrenzten Zugang zu Transportmitteln entstehen. Wenn ältere Erwachsene sozial isoliert sind, können sie stärker von anderen für Pflege und Unterstützung abhängig werden, was ihre Anfälligkeit für Misshandlungen erhöht.

Belastung und Burnout von Pflegepersonen

Belastung und Burnout von Pflegepersonen sind häufige Faktoren, die zu Misshandlungen älterer Menschen beitragen, insbesondere im Kontext der familiären Pflege. Die Betreuung eines älteren Menschen kann physisch und emotional anspruchsvoll sein und zu erhöhtem Stress und Erschöpfung führen. Pflegepersonen, die überfordert sind, keine Unterstützung haben oder begrenzte Ressourcen zur Verfügung haben, neigen möglicherweise eher zu misshandelndem Verhalten, da sie mit den Anforderungen der Pflegebewältigung kämpfen. Müdigkeit, Frustration und Gefühle von Groll können sich in misshandelnde Handlungen verwandeln.

Substanzmissbrauch und psychische Gesundheitsprobleme

Substanzmissbrauch und psychische Gesundheitsprobleme wie Sucht, Depressionen oder Persönlichkeitsstörungen können zu Misshandlungen älterer Menschen beitragen. Personen mit Problemen im Substanzmissbrauch oder psychischen Gesundheitsproblemen neigen möglicherweise eher dazu, ältere Menschen misshandelnd zu behandeln. Diese Zustände können das Urteilsvermögen beeinträchtigen, Aggressionen erhöhen und die Fähigkeit zur angemessenen Versorgung beeinträchtigen, was ältere Menschen gefährdet.

Geschichte von Gewalt oder Misshandlung

Täter von Misshandlungen älterer Menschen können eine Geschichte von Gewalt oder Misshandlung haben, entweder als Opfer oder Zeugen. Forschungsergebnisse legen nahe, dass Personen, die früher in ihrem Leben Gewalt oder Misshandlung erlebt haben, in späteren Jahren eher misshandelnde Handlungen begehen können. Frühe Erfahrungen mit Gewalt können die Entwicklung von ungünstigen Bewältigungsstrategien, verzerrten Ansichten über Beziehungen und einen Kreislauf von Misshandlungen beeinflussen, der bis ins höhere Erwachsenenalter andauert.

Abhängigkeit von Pflegepersonen und Machtungleichgewicht

Abhängigkeit und Machtungleichgewichte in Pflegebeziehungen können zu Misshandlungen älterer Menschen beitragen. Ältere Erwachsene, die auf Pflegepersonen für ihre täglichen Bedürfnisse angewiesen sind, können aus Angst vor Vergeltung oder Bestrafung zögern, Misshandlungen zu melden. Pflegepersonen, die Kontrolle über die Finanzen, Wohnverhältnisse und persönlichen Entscheidungen älterer Menschen ausüben, können ihre Macht ausnutzen, was zu finanziellen Misshandlungen oder anderen Formen von Misshandlungen führen kann.

Ageismus und Stereotypen

Ageismus, der negative Stereotypen und Diskriminierung gegenüber älteren Menschen umfasst, kann zur Entstehung von Misshandlungen älterer Menschen beitragen. Ageismus perpetuiert die Wahrnehmung, dass ältere Erwachsene verletzlich, schwach oder unfähig sind, was ihre Autonomie und ihren Wert untergräbt. Solche Einstellungen können zu fehlendem Respekt, Missachtung ihrer Rechte und einer erhöhten Wahrscheinlichkeit von Misshandlungen beitragen.

Wirtschaftliche und finanzielle Faktoren

Finanzielle Schwierigkeiten sowohl auf Seiten des älteren Erwachsenen als auch der Pflegeperson können zu Misshandlungen älterer Menschen beitragen. Pflegepersonen, die finanzielle Belastungen erleben, können dazu neigen, die Ressourcen des älteren Erwachsenen für persönlichen Gewinn auszunutzen. Die wirtschaftliche Abhängigkeit vom älteren Erwachsenen oder finanzielle Belastungen, denen der ältere Erwachsene ausgesetzt ist, können auch ein Umfeld schaffen, das für Misshandlungen und Manipulationen förderlich ist.

Kulturelle und gesellschaftliche Faktoren

Kulturelle und gesellschaftliche Faktoren können die Entstehung und Meldung von Misshandlungen älterer Menschen beeinflussen. Kulturelle Normen, Überzeugungen und Erwartungen in Bezug auf die Behandlung älterer Menschen können die Einstellungen und Verhaltensweisen von Individuen in einer bestimmten Gemeinschaft prägen. In einigen Kulturen kann beispielsweise die hierarchische Struktur der Familie dazu führen, dass Misshandlungen nur widerwillig gemeldet oder in familiäre Angelegenheiten eingegriffen wird.

Misshandlungen älterer Menschen sind ein vielschichtiges Problem, das von verschiedenen Faktoren beeinflusst wird. Soziale Isolation, Belastung von Pflegepersonen, Substanzmissbrauch, Gewaltgeschichte, Machtungleichgewichte, Ageismus, wirtschaftliche Faktoren und kulturelle Einflüsse tragen alle zur Entstehung von Misshandlungen älterer Menschen bei. Das Verständnis dieser beitragenden Faktoren ist entscheidend für die Entwicklung umfassender Präventionsstrategien, die Förderung von Bewusstsein und die Bereitstellung angemessener Unterstützung und Ressourcen für ältere Menschen und ihre Pflegepersonen. Indem wir diese zugrunde liegenden Ursachen ansprechen, können wir daran arbeiten, eine sicherere und respektvollere Umgebung für ältere Menschen zu schaffen, in der sie würdevoll altern können, ohne die Angst vor Misshandlungen.

KAPITEL 2
Die Anzeichen erkennen: Misshandlung bei unseren Liebsten identifizieren

In diesem Kapitel werden wir uns mit der entscheidenden Aufgabe befassen, die Anzeichen von Misshandlung älterer Menschen zu erkennen. Die Identifizierung von Misshandlungen bei unseren Liebsten ist von höchster Bedeutung, um ihre Sicherheit und ihr Wohlergehen zu gewährleisten. Durch das Verständnis der verschiedenen Formen von Misshandlungen und das Erkennen der Anzeichen können wir proaktive Schritte unternehmen, um einzugreifen und diejenigen zu schützen, die möglicherweise Misshandlungen erfahren. Dieses Kapitel wird eine eingehende Untersuchung der Anzeichen von Misshandlungen älterer Menschen bieten, einschließlich physischer Misshandlung, emotionaler Misshandlung, finanzieller Misshandlung, sexueller Misshandlung und Vernachlässigung.

Körperliche Misshandlung: Blutergüsse, Frakturen und Anzeichen von Vernachlässigung

Körperliche Misshandlung ist eine bedrückende Form von Misshandlung älterer Menschen, die die absichtliche Zufügung von Schmerz, Verletzungen oder körperlichem Schaden für einen älteren Erwachsenen umfasst. Sie hinterlässt sichtbare Spuren am Körper, oft in Form von Blutergüssen, Frakturen oder Anzeichen von

Vernachlässigung. In diesem Abschnitt werden wir die verschiedenen Aspekte der körperlichen Misshandlung erkunden, einschließlich ihrer Indikatoren, potenzieller Konsequenzen und der Bedeutung des Erkennens und Ansprechens dieser Anzeichen.

Blutergüsse

Blutergüsse sind ein häufiger physischer Indikator für Misshandlungen und können als Folge von physischer Gewalt oder Gewalttätigkeiten gegenüber einem älteren Erwachsenen auftreten. Blutergüsse können in verschiedenen Heilungsstadien auftreten, von frischen roten oder violetten Markierungen bis zu gelblicher oder grünlicher Verfärbung, wenn sie verblassen. Bereiche, die aufgrund von Misshandlungen leicht blauen können, sind die Oberarme, Oberschenkel, Handgelenke und der Hals. Blutergüsse, die ungewöhnliche Formen oder Muster aufweisen, wie Handabdrücke, Finger oder Gürtelspuren, können den Verdacht auf absichtlichen Schaden wecken.

Es ist wichtig zu beachten, dass einige ältere Menschen aufgrund altersbedingter Faktoren wie dünner Haut, reduziertem Fettgewebe oder zugrunde liegenden medizinischen Zuständen anfälliger für Blutergüsse sein können. Wenn jedoch Blutergüsse häufig auftreten, an Stellen, die nicht mit zufälligen Verletzungen übereinstimmen, oder wenn die Erklärungen unzureichend oder widersprüchlich sind, ist es wichtig, die Möglichkeit körperlicher Misshandlung in Betracht zu ziehen.

Frakturen

Frakturen, einschließlich Knochenbrüchen, sind schwerwiegende Indikatoren für körperliche Misshandlungen bei älteren Erwachsenen. Sie können durch direkte Gewaltakte wie

Schlagen, Stoßen oder Werfen oder durch erzwungene Bewegungen entstehen, die übermäßigen Druck oder Aufprall verursachen. Frakturen treten am häufigsten in Bereichen wie den Armen, Handgelenken, Rippen, Hüften oder Knöcheln auf. Ältere Erwachsene mit durch Misshandlungen verursachten Frakturen können starke Schmerzen, Schwellungen, Deformitäten oder Schwierigkeiten bei der Bewegung des betroffenen Gliedes oder Körperteils aufweisen.

Es ist wichtig, Frakturen, die durch Misshandlungen verursacht werden, von solchen zu unterscheiden, die durch zufällige Stürze oder altersbedingte Zustände wie Osteoporose verursacht werden. Das Vorhandensein mehrerer Frakturen, Frakturen in verschiedenen Heilungsstadien oder Frakturen, die nicht mit den angegebenen Erklärungen übereinstimmen, löst Bedenken wegen absichtlicher Schädigung aus.

Anzeichen von Vernachlässigung

Vernachlässigung ist eine Form körperlicher Misshandlung, die das Versäumnis beinhaltet, einem älteren Erwachsenen die notwendige Versorgung, Unterstützung oder Schutz zu bieten. Anzeichen von Vernachlässigung können sowohl physischer als auch Umweltart sein und auf einen Mangel an angemessener Pflege oder Überwachung hinweisen. Physische Indikatoren können unbehandelte medizinische Zustände, mangelnde persönliche Hygiene, Dehydratation, Mangelernährung oder Druckgeschwüre (Wundliegen) umfassen. Der ältere Erwachsene kann Anzeichen von Gewichtsverlust, Schwäche, Ermüdung oder allgemeinem Gesundheitsabbau aufweisen.

Umweltindikatoren von Vernachlässigung können unsichere Lebensbedingungen umfassen, wie mangelnde Heizung oder

Kühlung, unzureichende Beleuchtung, unordentliche Wohnräume oder unzureichender Zugang zu notwendiger medizinischer Ausrüstung oder Materialien. Vernachlässigte ältere Menschen können auch Anzeichen von sozialer Isolation, Verlassenheit oder Mangel an bedeutungsvollen sozialen Interaktionen zeigen.

Konsequenzen der körperlichen Misshandlung

Körperliche Misshandlung kann schwerwiegende Konsequenzen für das Wohlergehen und die allgemeine Gesundheit älterer Menschen haben. Die unmittelbaren physischen Auswirkungen können Schmerzen, Unbehagen, eingeschränkte Beweglichkeit und erhöhte Anfälligkeit für Infektionen umfassen. Die psychologischen und emotionalen Auswirkungen körperlicher Misshandlung können jedoch genauso schädlich sein. Ältere Menschen, die körperliche Misshandlungen erfahren, können Angst, Depression, posttraumatische Belastungsstörung (PTBS) oder ein gesteigertes Gefühl von Angst und Verwundbarkeit entwickeln.

Körperliche Misshandlung kann das Vertrauen zersetzen, familiäre oder pflegende Beziehungen stören und das Sicherheits- und Autonomiegefühl des älteren Erwachsenen beeinträchtigen. Sie kann zu einem Verlust des Selbstwertgefühls, sozialer Rückzug oder Zurückhaltung führen, Hilfe zu suchen oder die Misshandlung offenzulegen. Die langfristigen Konsequenzen von körperlicher Misshandlung können über körperliche Verletzungen hinausgehen und die allgemeine Lebensqualität und das Wohlbefinden älterer Menschen beeinträchtigen.

Das Erkennen und Ansprechen der Anzeichen

Das Erkennen der Anzeichen körperlicher Misshandlung erfordert Wachsamkeit, Beobachtung und offene Kommunikation mit dem älteren Erwachsenen. Es ist wichtig, eine vertrauensvolle Beziehung aufzubauen, die einen offenen Dialog fördert und dem älteren Erwachsenen ermöglicht, Bedenken oder Erfahrungen von Misshandlungen zu teilen. Pflegepersonen, medizinisches Fachpersonal, Familienmitglieder und Freunde spielen eine wichtige Rolle bei der Erkennung und Ansprache der Anzeichen körperlicher Misshandlungen.

Wenn körperliche Misshandlung vermutet wird, ist es entscheidend, sofort zu handeln, um die Sicherheit des älteren Erwachsenen zu gewährleisten. Dies kann das Melden der Misshandlung an die entsprechenden Behörden wie den Schutzdienst für Erwachsene oder Strafverfolgungsbehörden, das Dokumentieren der sichtbaren Anzeichen von Misshandlungen durch Fotos oder schriftliche Beschreibungen und das Bereitstellen der notwendigen Unterstützung und Ressourcen für den älteren Erwachsenen zur Entfernung aus der missbräuchlichen Situation umfassen.

Körperliche Misshandlung, gekennzeichnet durch Blutergüsse, Frakturen und Anzeichen von Vernachlässigung, ist eine bedrückende Form von Misshandlung älterer Menschen, die sofort erkannt und angegangen werden muss. Durch Wachsamkeit, Beobachtung und Reaktion auf die Anzeichen körperlicher Misshandlung können wir die notwendigen Schritte unternehmen, um das Wohlergehen und die Sicherheit älterer Menschen zu schützen. Es ist wichtig, eine Umgebung des Vertrauens und der offenen Kommunikation zu fördern, in der ältere Menschen befähigt werden, jede Misshandlung, die sie erleben, offenzulegen. Durch Bildung, Bewusstseinsbildung und gemeinsame Maßnahmen können wir daran arbeiten, körperliche Misshandlungen in den Leben unserer älteren Lieben zu verhindern und zu beenden.

Emotionale Misshandlung: Isolation, Manipulation und seelische Qual

Emotionale Misshandlung ist eine zerstörerische Form der Misshandlung älterer Menschen, die psychischen Schmerz, Leid und seelische Qualen verursacht. Sie wird durch Verhaltensweisen wie Isolation, Manipulation und gezielte Zufügung seelischer Qualen gekennzeichnet. In diesem Abschnitt werden wir die verschiedenen Aspekte der emotionalen Misshandlung erkunden, einschließlich ihrer Indikatoren, Auswirkungen auf ältere Menschen und der Bedeutung des Erkennens und Ansprechens dieser Anzeichen.

Isolation

Isolation ist eine mächtige Taktik, die in der emotionalen Misshandlung eingesetzt wird, um ältere Menschen zu kontrollieren und zu manipulieren. Täter können ältere Menschen gezielt von sozialen Interaktionen, Freundschaften und familiären Beziehungen isolieren. Sie können den Kontakt zu anderen einschränken oder unterbinden, Besuche oder Kommunikation entmutigen oder eine Atmosphäre der Angst und Abhängigkeit schaffen, die ältere Menschen daran hindert, Unterstützung zu suchen oder unabhängige Verbindungen aufrechtzuerhalten.

Indikatoren für Isolation können sein, dass ältere Menschen sich zurückziehen, Anzeichen von Einsamkeit oder Depression zeigen oder Gefühle der Gefangenschaft oder Machtlosigkeit äußern. Sie haben möglicherweise eingeschränkte Möglichkeiten für soziale Aktivitäten, mangelnde bedeutsame soziale Interaktionen oder erleben einen Verlust von zuvor genossenen Aktivitäten und

Beziehungen. Das Fehlen von Besuchern oder Unterstützungssystemen kann auch Bedenken hinsichtlich möglicher emotionaler Misshandlung aufwerfen.

Manipulation

Manipulation ist ein Schlüsselelement der emotionalen Misshandlung und umfasst Taktiken, die darauf abzielen, Kontrolle über die Gedanken, Emotionen oder Handlungen des älteren Menschen auszuüben. Täter können Techniken wie Gaslighting (Leugnen oder Verzerren der Realität), ständige Kritik, Schuldgefühle erzeugen oder psychologische Spielchen spielen, um den älteren Menschen zu verwirren oder sein Selbstwertgefühl, seine Wahrnehmung der Realität oder seine Entscheidungsfähigkeiten zu untergraben.

Anzeichen von Manipulation können sein, dass ältere Menschen Selbstzweifel äußern, sich ständig aufgeregt fühlen oder deutliche Veränderungen im Verhalten oder der Persönlichkeit zeigen. Sie können zögern, ihre Meinungen zu äußern oder Entscheidungen zu treffen, aus Angst vor den Konsequenzen, wenn sie den Wünschen des Täters widersprechen. Manipulation kann zu einem Verlust des Selbstvertrauens, verringertem Selbstwertgefühl und einer Aushöhlung von Autonomie und Unabhängigkeit des älteren Menschen führen.

Seelische Qual

Emotionale Misshandlung verursacht erhebliche seelische Qualen bei älteren Menschen, indem sie starke emotionale Belastung erzeugt und ihr allgemeines Wohlbefinden untergräbt. Täter können sich aufdringlicher Kritik, Demütigung oder Drohungen bedienen, um Angst, Angst oder seelischen Schmerz bei älteren Menschen hervorzurufen. Verbale oder nonverbale Aggressionen, Beleidigungen oder ständige Herabsetzungen können zu langanhaltendem emotionalem Trauma führen.

Anzeichen von seelischer Qual können sein, dass ältere Menschen Anzeichen von Depressionen, Angstzuständen oder posttraumatischen Belastungsstörungen zeigen. Sie können Symptome wie Tränenergie, Stimmungsschwankungen, Rückzug von Aktivitäten oder Beziehungen, Schlafstörungen oder Verlust des Interesses an zuvor genossenen Hobbys zeigen. Seelische Qual kann sich auch in körperlichen Symptomen äußern, einschließlich Kopfschmerzen, Bauchschmerzen oder Verschlimmerung bestehender medizinischer Zustände.

Auswirkungen auf ältere Menschen

Emotionale Misshandlung hat tiefe und langanhaltende Auswirkungen auf das Wohlbefinden und die Lebensqualität älterer Menschen. Die ständige Konfrontation mit negativem und manipulativem Verhalten kann zu einem Rückgang der psychischen Gesundheit führen und zur Entwicklung oder Verschlimmerung von psychischen Erkrankungen wie Depressionen und Angststörungen beitragen. Emotionale Misshandlung kann auch bestehende körperliche Gesundheitsprobleme verschlimmern, da Stress und Belastung sich negativ auf das Immunsystem und das allgemeine körperliche Wohlbefinden auswirken können.

Ältere Menschen, die emotionale Misshandlung erfahren, können das Vertrauen in ihre Fähigkeiten verlieren, sozial isoliert werden und das Vertrauen in andere verlieren. Sie können ein gesteigertes Angstgefühl entwickeln und sich in der missbräuchlichen Beziehung oder Umgebung gefangen fühlen. Emotionale Misshandlung kann das Selbstwertgefühl, den

Selbstwert und die Identität älterer Menschen aushöhlen, was zu einer verringerten Lebensqualität und einem Zögern führt, Hilfe zu suchen oder die Misshandlung offenzulegen.

Erkennen und Ansprechen der Anzeichen

Die Erkennung der Anzeichen emotionaler Misshandlung erfordert Aufmerksamkeit, Empathie und offene Kommunikation mit älteren Menschen. Eine vertrauensvolle Beziehung aufzubauen und eine sichere Umgebung zu schaffen, in der sich ältere Menschen ermächtigt fühlen, ihre Emotionen und Bedenken auszudrücken, ist entscheidend. Wesentliche Schritte zur Erkennung und Ansprache von emotionaler Misshandlung sind:

- Aufmerksamkeit für Veränderungen im Verhalten, in der Stimmung oder in der Interaktion älterer Menschen mit anderen.

- Beobachtung der Dynamik zwischen älterem Menschen und ihren Pflegepersonen, Familienmitgliedern oder anderen Personen in ihrer Umgebung.

- Schaffen von Möglichkeiten für ältere Menschen, an sozialen Aktivitäten teilzunehmen, sich mit Unterstützungsnetzwerken zu verbinden und Beziehungen außerhalb der missbräuchlichen Umgebung aufrechtzuerhalten.

- Ermutigen des älteren Menschen, ihre Gefühle, Bedenken und Erfahrungen ohne Beurteilung oder Angst vor Konsequenzen auszudrücken.

- Suche nach professioneller Hilfe, wie Beratung oder Therapie, um das emotionale Wohlbefinden älterer

Menschen zu unterstützen und die Auswirkungen der emotionalen Misshandlung anzugehen.

Emotionale Misshandlung, gekennzeichnet durch Isolation, Manipulation und seelische Qual, ist eine bedrückende Form der Misshandlung älterer Menschen, die erhebliche Auswirkungen auf ihr Wohlbefinden hat. Das Erkennen der Anzeichen von emotionaler Misshandlung ist entscheidend, um die emotionale und psychische Gesundheit älterer Menschen zu schützen und rechtzeitig in missbräuchliche Situationen einzugreifen. Durch Förderung offener Kommunikation, Schaffen unterstützender Umgebungen und Ergreifen proaktiver Schritte zur Ansprache emotionaler Misshandlung können wir die Sicherheit, Würde und das Wohlergehen unserer älteren Lieben fördern.

Erkennen und Ansprechen der Anzeichen

Das Erkennen der Anzeichen von finanziellem Missbrauch erfordert Aufmerksamkeit, Bildung und proaktive Maßnahmen. Wesentliche Schritte zur Erkennung und Ansprache von finanziellem Missbrauch umfassen:

Überwachung finanzieller Aktivitäten

Behalten Sie die finanziellen Abrechnungen, Bankkonten und Transaktionen der älteren Person im Auge, um ungewöhnliche oder nicht autorisierte Aktivitäten festzustellen. Achten Sie auf unerklärte Abhebungen, plötzliche Veränderungen der Ausgabemuster oder fehlende Geldmittel.

Bewusstsein für gängige Betrügereien

Informieren Sie sich über verbreitete Betrügereien, die ältere Menschen ins Visier nehmen, und informieren Sie die ältere Person über diese Betrügereien, um ihr Bewusstsein zu schärfen und zu verhindern, dass sie Opfer davon werden.

Schaffung einer unterstützenden Umgebung

Schaffen Sie eine Umgebung, in der sich die ältere Person wohl fühlt, über ihre finanziellen Angelegenheiten und Bedenken zu sprechen. Ermutigen Sie offene Kommunikation und fördern Sie eine vertrauensvolle Beziehung, um Anzeichen von finanziellem Missbrauch umgehend anzugehen.

Professionelle Hilfe in Anspruch nehmen

Wenn finanzieller Missbrauch vermutet wird, konsultieren Sie rechtliche Fachleute, Finanzberater oder den Dienst für den Schutz von Erwachsenen, um den Missbrauch zu melden, Beweise zu sammeln und Schutzmaßnahmen zu erkunden, um die finanziellen Ressourcen der älteren Person zu sichern.

Finanzieller Missbrauch, gekennzeichnet durch Ausbeutung, Betrug und unangemessenen Einfluss, ist eine ernste Form der Misshandlung älterer Menschen, die die finanzielle Sicherheit und das Wohlergehen älterer Menschen bedroht. Das Erkennen der Anzeichen von finanziellem Missbrauch ist entscheidend, um ältere Menschen vor finanzieller Ausbeutung zu schützen und geeignete Maßnahmen zur Ansprache des Missbrauchs zu ergreifen. Durch Sensibilisierung, Schaffung unterstützender Umgebungen und Inanspruchnahme professioneller Hilfe können wir daran arbeiten, finanziellen Missbrauch zu verhindern und zu bekämpfen und die finanzielle Stabilität und Würde unserer älteren Lieben zu gewährleisten.

Sexueller Missbrauch: Einwilligung, Grenzen und Würde

Sexueller Missbrauch ist eine zutiefst verstörende und verletzende Form des Missbrauchs älterer Menschen, die jede nichteinvernehmliche sexuelle Berührung, Nötigung oder unangemessenes Verhalten gegenüber einer älteren Person umfasst. Er untergräbt ihre Autonomie, Würde und ihr Recht, frei von Schaden zu leben. In diesem Abschnitt werden wir die verschiedenen Aspekte des sexuellen Missbrauchs erkunden, einschließlich seiner Anzeichen, Auswirkungen auf ältere Menschen und die Bedeutung der Erkennung und Ansprache dieser Anzeichen.

Einwilligung

Einwilligung steht im Mittelpunkt jeder gesunden sexuellen Beziehung. Sie ist die ausdrückliche, freiwillige und fortlaufende Vereinbarung zwischen allen beteiligten Parteien, sich an sexuellen Aktivitäten zu beteiligen. Im Kontext des Missbrauchs älterer Menschen kann es zu sexuellem Missbrauch kommen, wenn ihre Einwilligung missachtet oder manipuliert wird. Täter können sexuelle Handlungen an älteren Personen durchführen, ohne ihre informierte und enthusiastische Einwilligung einzuholen, ihre Verletzbarkeit ausnutzen oder ihre Position der Macht oder Autorität nutzen, um sie zu unerwünschten sexuellen Aktivitäten zu zwingen. Das Verständnis und die Achtung des Konzepts der Einwilligung sind entscheidend, um sexuellen Missbrauch älterer Menschen zu verhindern und anzugehen. Die Einwilligung sollte positiv, freiwillig erfolgen und ohne jede Form von Zwang oder Manipulation eingeholt werden.

Grenzen

Die Aufrechterhaltung persönlicher Grenzen ist grundlegend für die Sicherheit und das Wohlergehen älterer Menschen. Sexueller Missbrauch verletzt diese Grenzen, indem er in den physischen und emotionalen Raum einer Person eindringt. Täter können diese Grenzen ignorieren oder überschreiten, indem sie sexuelle Handlungen ohne ausdrückliche Einwilligung der älteren Person oder gegen ihre ausgesprochenen Wünsche durchführen. Anzeichen von Grenzverletzungen können darin bestehen, dass die ältere Person Anzeichen von Unwohlsein, Distress oder Rückzug in Anwesenheit bestimmter Personen zeigt. Sie können Verhaltensänderungen aufweisen, wie erhöhte Ängstlichkeit, Furcht oder Abneigung gegenüber körperlichem Kontakt. Auf die Reaktionen der älteren Person achten und ihre Grenzen respektieren, ist wichtig, um sexuellen Missbrauch zu verhindern und anzugehen.

Würde

Sexueller Missbrauch raubt älteren Menschen ihre Würde, ihren Respekt und ihren inneren Wert. Er untergräbt ihr Selbstgefühl und verletzt ihre grundlegenden Rechte. Ältere Menschen, die sexuellen Missbrauch erleben, können einen tiefgreifenden Verlust an Würde, Scham und eine Abneigung verspüren, Hilfe zu suchen oder den Missbrauch aufgrund von Schuldgefühlen oder Peinlichkeit zu melden.

Das Erkennen und Bejahen der Würde älterer Menschen ist entscheidend, um sexuellen Missbrauch zu verhindern und anzugehen. Die Schaffung einer Umgebung, die ihre Autonomie respektiert, offene Kommunikation fördert und eine Kultur der

Einwilligung und des Respekts unterstützt, ist wichtig, um ihr Wohlergehen zu gewährleisten und ihre Würde zu bewahren.

Auswirkungen auf ältere Menschen

Sexueller Missbrauch hat verheerende Auswirkungen auf das mentale, emotionale und physische Wohlergehen älterer Menschen. Das Trauma infolge sexuellen Missbrauchs kann lang anhaltende Folgen haben und zu einer Reihe von psychologischen und emotionalen Herausforderungen führen. Ältere Menschen, die sexuellen Missbrauch erleben, können Symptome von posttraumatischer Belastungsstörung (PTBS), Depressionen, Angstzuständen oder einem erhöhten Suizidrisiko aufweisen.

Physische Folgen sexuellen Missbrauchs können Verletzungen im Genital- oder Analbereich, sexuell übertragbare Infektionen (STIs) oder andere physische Traumata umfassen. Die ältere Person kann Veränderungen in ihrem sexuellen Verhalten aufweisen, wie zum Beispiel das Desinteresse an sexuellen Aktivitäten, Angst oder Abneigung gegenüber Intimität oder unerklärliche Schmerzen oder Unwohlsein im Genitalbereich.

Das Erkennen und Ansprechen der Anzeichen erfordert Sensibilität, Empathie und das Bemühen, einen sicheren Raum für Offenheit zu schaffen. Wesentliche Schritte zur Erkennung und Ansprache sexuellen Missbrauchs umfassen:

Förderung offener Kommunikation

Schaffen Sie eine Umgebung, in der sich ältere Menschen sicher und wohl fühlen, über sensible Themen zu sprechen. Ermutigen Sie zu offenem Dialog, aktiver Zuhörbereitschaft und nicht-judgmentaler Unterstützung.

Beobachten von Verhaltensänderungen

Achten Sie auf jegliche Veränderungen im Verhalten, der Stimmung oder den sozialen Interaktionen der älteren Person. Suchen Sie nach Anzeichen von Rückzug, Angst, Ängstlichkeit oder Unwohlsein in Anwesenheit bestimmter Personen.

Vertrauen in die Instinkte der älteren Person

Respektieren Sie die Wahrnehmungen und Gefühle der älteren Person. Bestätigen Sie ihre Erfahrungen und versichern Sie ihnen, dass sie nicht schuld am Missbrauch sind.

Professionelle Hilfe suchen

Konsultieren Sie Fachleute im Gesundheitswesen, Therapeuten oder Sozialarbeiter, die Erfahrung im Umgang mit Missbrauch älterer Menschen haben, um angemessene Unterstützung, Anleitung und Intervention zu bieten. Sie können bei rechtlichen Prozessen helfen, medizinische Versorgung sicherstellen und Beratung anbieten, um das mit sexuellem Missbrauch verbundene Trauma anzugehen.

Sexueller Missbrauch, gekennzeichnet durch nicht-einvernehmliche sexuelle Berührung, Verletzung von Grenzen und Erosion der Würde, ist eine tief traumatische Form des Missbrauchs älterer Menschen. Das Erkennen und Ansprechen der Anzeichen von sexuellem Missbrauch erfordert die Schaffung sicherer Räume für offene Kommunikation, die Förderung von Einwilligung und Respekt sowie die Bereitstellung der notwendigen Unterstützung und Ressourcen für ältere Menschen, die solchen Missbrauch erlebt haben. Indem wir eine Kultur fördern, die die Rechte, Würde und Autonomie älterer Menschen wahrt, können wir daran arbeiten, sexuellen Missbrauch zu verhindern und das Wohlergehen und die Sicherheit unserer älteren Lieben zu gewährleisten.

KAPITEL 3
Die Profile der Täter: Die Täter entlarven

In diesem Kapitel werden wir uns mit den Profilen der Täter beschäftigen und versuchen, die Personen zu entlarven, die ältere Menschen missbrauchen. Das Verständnis der Merkmale, Motive und Dynamiken von Tätern ist entscheidend, um die Ursachen des Missbrauchs zu erkennen und anzugehen. Indem wir Licht auf die Profile der Täter werfen, können wir auf Prävention, Intervention und den Schutz unserer älteren Angehörigen hinarbeiten.

Wer begeht den Missbrauch älterer Menschen?

Der Missbrauch älterer Menschen kann von verschiedenen Personen und Gruppen begangen werden, von denen jede ihre eigenen Motivationen, Dynamiken und Merkmale hat. Das Verstehen, wer den Missbrauch älterer Menschen begeht, ist entscheidend, um dieses weit verbreitete Problem zu erkennen und anzugehen. In diesem Abschnitt werden wir die verschiedenen Täter des Missbrauchs älterer Menschen im Detail untersuchen und ihre Profile sowie die Faktoren, die zu ihren Handlungen beitragen, beleuchten.

Familienmitglieder und Betreuer

Familienmitglieder und Betreuer, die mit der Betreuung und Unterstützung älterer Menschen betraut sind, können manchmal zu Tätern von Missbrauch älterer Menschen werden. Diese Kategorie umfasst erwachsene Kinder, Ehepartner, Partner, andere Verwandte oder Personen, die Pflegedienste anbieten. Während die Mehrheit der Familienbetreuer liebevolle und mitfühlende Pflege leistet, können einige aufgrund verschiedener Faktoren missbräuchliches Verhalten zeigen:

Pflegestress und Burnout

Die Betreuung älterer Menschen kann physisch, emotional und finanziell belastend sein. Betreuer können hohe Stressniveaus, Erschöpfung und Burnout-Gefühle erleben, die zu missbräuchlichem Verhalten führen können, während sie versuchen, mit ihren Verantwortlichkeiten umzugehen.

Abhängigkeit und Machtungleichgewicht

Wenn ältere Menschen auf Betreuer für ihre täglichen Bedürfnisse angewiesen sind, können Machtungleichgewichte entstehen. Betreuer können diese Abhängigkeit ausnutzen, Kontrolle über das Leben und die Ressourcen der älteren Person ausüben. Dies kann zu missbräuchlichem Verhalten und einer Verletzung der Rechte und Würde der älteren Person führen.

Geschichte von familiärer Dysfunktion

In einigen Fällen kann eine Geschichte von familiärer Dysfunktion, ungelösten Konflikten oder belasteten Beziehungen zu missbräuchlichen Dynamiken in Pflegebeziehungen beitragen. Langjährige Muster von Gewalt oder dysfunktionalen Verhaltensweisen können sich als Missbrauch älterer Menschen manifestieren.

Professionelle Betreuer

Auch professionelle Betreuer, wie häusliche Pflegekräfte, Altenheim-Mitarbeiter oder bezahlte Betreuer, spielen eine Rolle im

Missbrauch älterer Menschen. Während die überwiegende Mehrheit der professionellen Betreuer qualitativ hochwertige Pflege leistet, können sich eine kleine Minderheit aufgrund verschiedener Faktoren missbräuchlich verhalten:

Mangelnde Ausbildung und Aufsicht

Unzureichende Ausbildung, Aufsicht oder Kontrolle im Pflegeberuf können zu missbräuchlichem Verhalten beitragen. Unzureichendes Wissen, Fähigkeiten oder Ressourcen können zu unzureichender Pflege oder Misshandlung älterer Menschen führen.

Niedrige Bezahlung und schlechte Arbeitsbedingungen

Betreuer, die niedrige Löhne, lange Arbeitszeiten oder stressige Arbeitsumgebungen erleben, können Unzufriedenheit mit ihrer Arbeit, Frustration und Burnout erleben. Diese Faktoren können die Wahrscheinlichkeit missbräuchlichen Verhaltens erhöhen.

Mangel an Empathie und Mitgefühl

Einige Personen können in den Pflegeberuf einsteigen, ohne das erforderliche Maß an Empathie und Mitgefühl zu besitzen, das für qualitativ hochwertige Pflege erforderlich ist. Dieser Mangel an Empathie kann zu missbräuchlichem Verhalten gegenüber älteren Menschen führen.

Gelegenheitstäter

Gelegenheitstäter sind Personen, die die Verletzbarkeit älterer Menschen zum eigenen Vorteil ausnutzen. Sie müssen keine vorherigen Beziehungen zu älteren Menschen haben, nutzen jedoch Gelegenheiten, um Missbrauch zu begehen. Charakteristika von Gelegenheitstätern sind:

Manipulation und Täuschung

Gelegenheitstäter sind darin geschult, ältere Menschen zu manipulieren und zu täuschen, um ihr Vertrauen zu gewinnen und ihre Verletzbarkeit auszunutzen. Sie können Taktiken wie Charme, Schmeichelei, falsche Versprechen oder Drohungen einsetzen, um Missbrauch zu begehen.

Finanzielle Motive

Finanzieller Gewinn ist eine Hauptmotivation für viele Gelegenheitstäter. Sie können versuchen, die finanziellen Ressourcen älterer Menschen durch Betrügereien, Betrug, Diebstahl oder erpresserische Taktiken auszunutzen.

Mangel an Empathie und moralischen Grenzen

Gelegenheitstäter haben oft mangelnde Empathie und wenige moralische Bedenken, wenn es darum geht, sich an verwundbaren Personen zu bereichern. Sie stellen ihre eigenen Eigeninteressen über das Wohl des älteren Menschen.

Institutionelle Täter Institutionelle Täter umfassen Organisationen oder Systeme, die Missbrauch gegen ältere Menschen begehen. Diese Kategorie umfasst Pflegeheime, betreute Wohnanlagen, Krankenhäuser oder andere Pflegeeinrichtungen. Faktoren, die zu institutionellem Missbrauch beitragen können, sind unter anderem Unzureichende Personalbesetzung und Ausbildung

Unzureichende Personalbesetzung und mangelnde Schulung des Personals können zum Auftreten von Missbrauch in institutionellen Einrichtungen beitragen. Hohe Arbeitsbelastung, mangelnde Ressourcen und begrenzte Überwachung können ein Umfeld begünstigen, das missbräuchliches Verhalten ermöglicht.

Nachlässige Praktiken

Institutioneller Missbrauch kann durch nachlässige Praktiken auftreten, wie das Zurückhalten notwendiger Pflege, das Nichtbeachten medizinischer Bedürfnisse oder das Bereitstellen unzureichender Wohnbedingungen.

Mangelnde Aufsicht und Verantwortlichkeit

In einigen Fällen können institutionelle Täter die mangelnde effektive Aufsicht und Mechanismen zur Rechenschaftslegung im Pflegesystem ausnutzen. Dies kann die Aufrechterhaltung missbräuchlichen Verhaltens ermöglichen. Missbrauch älterer Menschen kann von Familienmitgliedern, Betreuern, professionellen Betreuern, Gelegenheitstätern und institutionellen Systemen begangen werden. Das Verständnis der Profile der Täter und der Faktoren, die zu ihren Handlungen beitragen, ist entscheidend, um den Missbrauch älterer Menschen zu erkennen und anzugehen. Durch Sensibilisierung, Bereitstellung von Unterstützung, Umsetzung angemessener Schulungen und Förderung von Verantwortlichkeit in Pflegebeziehungen und Institutionen können wir daran arbeiten, den Missbrauch älterer Menschen zu verhindern und einzudämmen und die Sicherheit, Würde und das Wohl unserer älteren Angehörigen zu gewährleisten.

Die Erkennung der Warnsignale bei Betreuern, Familienmitgliedern und Institutionen

Die Erkennung der Warnsignale bei Betreuern, Familienmitgliedern und Institutionen ist entscheidend, um potenzielle Fälle von Misshandlung älterer Menschen zu identifizieren. Indem wir aufmerksam sind und uns bestimmter Anzeichen bewusst sind, können wir proaktive Schritte unternehmen, um Missbrauch zu erkennen und zu verhindern. In diesem Abschnitt werden wir im Detail die Warnsignale untersuchen, die mit Betreuern, Familienmitgliedern und Institutionen in Verbindung stehen, einschließlich ihrer Erklärungen.

Warnsignale bei Betreuern: Plötzliche Verhaltensänderungen Wenn ein Betreuer plötzliche Veränderungen im Verhalten zeigt, wie erhöhte Reizbarkeit, Ungeduld oder Aggression, könnte dies ein Zeichen für potenziellen Missbrauch sein. Stimmungsschwankungen oder unerklärliche emotionale Schwankungen sollten nicht ignoriert werden.

Mangel an Empathie und Mitgefühl

Betreuer, die konsequent Mangel an Empathie, Mitgefühl oder Sorge für das Wohlbefinden des älteren Menschen zeigen, könnten ein höheres Risiko für misshandelndes Verhalten signalisieren. Sie könnten Gleichgültigkeit gegenüber den Bedürfnissen des älteren Menschen zeigen oder deren Gefühle und Vorlieben abtun.

Isolation des älteren Menschen

Betreuer, die den älteren Menschen aktiv von Freunden, Familienmitgliedern oder sozialen Aktivitäten isolieren, könnten Kontrolle ausüben und Misshandlung begehen. Die Begrenzung des Zugangs zu Unterstützungsnetzwerken kann verhindern, dass der ältere Mensch Misshandlung offenbart oder Hilfe sucht.

Finanzielle Ausbeutung

Anzeichen für finanzielle Ausbeutung durch Betreuer können unerklärliche Abhebungen von den Konten des älteren Menschen, unbefugte Verwendung ihrer Geldmittel oder plötzliche Veränderungen der finanziellen Umstände sein. Betreuer, die häufig

Geld von dem älteren Menschen verlangen oder fordern, könnten deren finanzielle Ressourcen ausbeuten.

Vernachlässigung grundlegender Pflegebedürfnisse

Wenn ein Betreuer kontinuierlich die grundlegenden Pflegebedürfnisse des älteren Menschen vernachlässigt, wie persönliche Hygiene, Ernährung oder Medikamentenverwaltung, könnte dies auf Vernachlässigung oder misshandelndes Verhalten hinweisen. Unbehandelte Gesundheitszustände, schlechte Lebensbedingungen oder unbehandelte medizinische Probleme sind Warnzeichen, die Beachtung erfordern.

Warnsignale bei Familienmitgliedern: Häufige Streitereien oder Spannungen Ein familiäres Umfeld, das von häufigen Auseinandersetzungen, Spannungen oder Feindseligkeit geprägt ist, könnte auf ein höheres Risiko von Misshandlung älterer Menschen hinweisen. Ungeklärte Konflikte oder fortlaufende Machtkämpfe können zu missbräuchlichen Dynamiken innerhalb der Familie beitragen.

Kontrolle und Isolation

Familienmitglieder, die übermäßige Kontrolle über die täglichen Aktivitäten des älteren Menschen ausüben, ihre Unabhängigkeit einschränken oder sie von sozialen Verbindungen isolieren, könnten sich in missbräuchlichem Verhalten engagieren. Diese Kontrolle kann sich durch Einschränkungen der Kommunikation, Begrenzungen der persönlichen Entscheidungen oder Versuche, die Entscheidungen des älteren Menschen zu manipulieren, manifestieren.

Vorgeschichte von Gewalt oder Missbrauch

Wenn es eine dokumentierte Vorgeschichte von Gewalt, Missbrauch oder dysfunktionalen familiären Dynamiken innerhalb der Familie gibt, besteht Grund zur Sorge wegen potenziellem Missbrauch älterer Menschen. Vorherige Vorfälle von Misshandlung oder Vernachlässigung von Kindern oder anderen Familienmitgliedern können als Warnzeichen für Misshandlung älterer Menschen dienen.

Finanzielles Missmanagement

Familienmitglieder, die die finanziellen Ressourcen des älteren Menschen missbrauchen oder ausnutzen, es versäumen, notwendige finanzielle Unterstützung zu bieten oder Kontrolle über ihre finanziellen Entscheidungen ausüben, könnten sich in finanziellen Missbrauch verwickeln. Unerklärliche Veränderungen in den finanziellen Umständen des älteren Menschen oder plötzliche Erschöpfung ihrer Vermögenswerte sind Warnzeichen.

Warnsignale in Institutionen: Unzureichende Personalbesetzung

Institutionen, die konsequent mit unzureichender Personalbesetzung arbeiten, könnten die Qualität der Betreuung älterer Menschen gefährden. Überarbeitete und überforderte Mitarbeiter könnten eher dazu neigen, nachlässige oder missbräuchliche Verhaltensweisen zu zeigen.

Schlechte Interaktionen zwischen Personal und Bewohnern

Beobachten Sie die Interaktionen zwischen dem Personal und den Bewohnern in einer Institution. Warnzeichen sind respektloses oder herablassendes Verhalten gegenüber älteren Menschen, häufiges Schreien oder harte Töne oder Fälle von Herabsetzung oder Demütigung.

Unhygienische oder unsichere Bedingungen

Institutionen, die es versäumen, saubere, hygienische und sichere Lebensumgebungen aufrechtzuerhalten, könnten auf vernachlässigende oder missbräuchliche Praktiken hinweisen. Beispiele hierfür sind unzureichende Lebensmittelhygiene, unsaubere Wohnbereiche, unzureichender Zugang zu angemessenen Sanitäranlagen oder Mangel an geeigneten Sicherheitsmaßnahmen.

Mangelnde Dokumentation oder Transparenz

Institutionen, die einen Mangel an ordnungsgemäßer Dokumentation, Transparenz oder Verantwortlichkeit in ihren Betrieb haben, könnten Bedenken aufwerfen. Schwierigkeiten, Informationen über die Betreuung, Behandlung oder Finanzen des älteren Menschen zu erhalten, können ein Warnzeichen für potenziellen Missbrauch oder Vernachlässigung sein.

Das Erkennen der Warnsignale bei Betreuern, Familienmitgliedern und Institutionen ist entscheidend, um potenzielle Fälle von Misshandlung älterer Menschen zu identifizieren. Durch wachsame Aufmerksamkeit auf Verhaltensänderungen, mangelnde Empathie, finanzielle Unregelmäßigkeiten, nachlässige Praktiken und andere Anzeichen können wir proaktive Schritte unternehmen, um Missbrauch zu erkennen und zu verhindern. Es ist wichtig, Bewusstsein zu schaffen, offene Kommunikation zu fördern und Systeme zur Meldung und Bearbeitung von Bedenken einzurichten, um die

Sicherheit, das Wohlbefinden und die Würde unserer älteren Angehörigen zu gewährleisten.

Die Psychologie von Tätern verstehen

Das Verstehen der Psychologie von Tätern ist ein komplexes Unterfangen, das eine Untersuchung der zugrunde liegenden Faktoren, Motivationen und Dynamiken erfordert, die zu ihrem missbräuchlichen Verhalten beitragen. Indem wir die Psychologie von Tätern erforschen, können wir Einblicke in die Denkweisen, Emotionen und Verhaltensmuster gewinnen, die ihr Handeln antreiben. In diesem Abschnitt werden wir uns mit der Psychologie von Tätern befassen und dabei auf gemeinsame Faktoren und psychologische Dynamiken eingehen, die mit ihrem Verhalten in Verbindung stehen.

Macht und Kontrolle

Ein herausragender psychologischer Aspekt von Tätern ist das Verlangen nach Macht und Kontrolle. Täter streben danach, Dominanz über ihre Opfer zu etablieren, indem sie verschiedene Taktiken einsetzen, um Kontrolle zu erlangen und eine Machtposition aufrechtzuerhalten. Dieses Verlangen nach Kontrolle kann aus Gefühlen der Unzulänglichkeit, dem Bedürfnis, eigene Verletzlichkeiten zu kompensieren, oder dem Wunsch, Autorität über andere auszuüben, resultieren. Durch die Kontrolle ihrer Opfer ziehen Täter ein Gefühl von Macht und Befriedigung, das ihr missbräuchliches Verhalten verstärkt.

Geringes Einfühlungsvermögen und Mangel an Reue

Täter zeigen oft ein geringes Einfühlungsvermögen gegenüber ihren Opfern, was es ihnen erleichtert, sich in missbräuchlichem Verhalten zu engagieren, ohne Schuldgefühle oder Reue zu empfinden. Dieses mangelnde Einfühlungsvermögen ermöglicht es ihnen, die Gefühle, das Wohlbefinden und die Rechte älterer Menschen zu ignorieren. Täter haben möglicherweise Schwierigkeiten, die Emotionen und Perspektiven ihrer Opfer zu verstehen oder sich mit ihnen zu verbinden, was ihr missbräuchliches Handeln weiter fördert.

Manipulation und Täuschung

Täter sind geschickt darin, ihre Opfer zu manipulieren und zu täuschen, um ihre gewünschten Ergebnisse zu erzielen. Sie können Taktiken wie Gaslighting (Verfälschen oder Leugnen der Realität), emotionale Manipulation oder psychologische Spielchen einsetzen, um ältere Menschen zu verwirren, zu kontrollieren und ihr Selbstwertgefühl, ihre Wahrnehmung der Realität oder ihre Entscheidungsfähigkeiten zu untergraben. Durch die Manipulation ihrer Opfer behalten Täter eine Machtposition und Kontrolle über sie.

Gewaltzyklus

Viele Täter zeigen ein Muster von missbräuchlichem Verhalten, das als Gewaltzyklus bekannt ist. Dieser Zyklus besteht in der Regel aus drei Phasen: Aufbau von Spannungen, akutes missbräuchliches Ereignis und Flitterwochenphase. Während der Phase des Spannungsabbaus treten geringfügige Konflikte, Streitigkeiten oder Frustrationen auf, die zu erhöhter Spannung und Angst führen. Das akute missbräuchliche Ereignis zeichnet sich durch einen explosiven Ausbruch von Missbrauch aus, der physischer, emotionaler oder sexueller Natur sein kann. Nach dem missbräuchlichen Vorfall tritt der Täter oft in die Flitterwochenphase ein, die durch Entschuldigungen, Versprechungen und Zuneigungsbekundungen gekennzeichnet ist und darauf abzielt, das Opfer zur Versöhnung zu bewegen und zu manipulieren, um in der missbräuchlichen Beziehung zu bleiben. Dieser Zyklus wiederholt sich, wobei die Phase des Spannungsabbaus im Laufe der Zeit allmählich eskaliert.

Persönliche und psychologische Faktoren

Täter können persönliche und psychologische Faktoren haben, die zu ihrem missbräuchlichen Verhalten beitragen. Diese Faktoren können bei Individuen stark variieren, aber einige gemeinsame Eigenschaften sind:

Missbrauchsgeschichte

Viele Täter haben selbst Missbrauch erlebt, sei es als Kinder oder in früheren Beziehungen. Diese Geschichte des Missbrauchs kann einen Gewaltzyklus aufrechterhalten, da sie ihr Verhalten nach dem modellieren können, was sie beobachtet oder erlebt haben.

Geringes Selbstwertgefühl

Täter können ein geringes Selbstwertgefühl haben, wodurch sie Macht und Kontrolle über andere suchen, um ihr eigenes Selbstwertgefühl zu stärken. Andere zu misshandeln ermöglicht es ihnen, vorübergehend ihre eigenen Gefühle der Unzulänglichkeit zu lindern und ein falsches Gefühl der Überlegenheit zu erlangen.

Persönlichkeitsstörungen

Einige Täter können Merkmale aufweisen, die mit Persönlichkeitsstörungen wie der narzisstischen Persönlichkeitsstörung oder der antisozialen Persönlichkeitsstörung in Verbindung gebracht werden. Diese Störungen können zu einem Mangel an Empathie, einem überhöhten Selbstwertgefühl und einer Missachtung der Rechte und des Wohlbefindens anderer beitragen.

Soziale und kulturelle Faktoren

Soziale und kulturelle Faktoren können ebenfalls die Psychologie von Tätern beeinflussen. Normen und Überzeugungen, die Geschlechterungleichheit, Gewaltakzeptanz oder das Gefühl der Berechtigung aufrechterhalten, können zur Entwicklung von missbräuchlichem Verhalten beitragen. Gesellschaftliche Einstellungen, die den Missbrauch älterer Menschen rechtfertigen oder dessen Schwere minimieren, können Täter weiterhin dazu befähigen, ihre Handlungen zu rechtfertigen und ihr missbräuchliches Verhalten fortzusetzen.

Die Psychologie von Tätern zu verstehen, ist eine komplexe Aufgabe, da sie die Untersuchung der zugrunde liegenden Faktoren, Motivationen und Dynamiken umfasst, die zu ihrem missbräuchlichen Verhalten beitragen. Täter streben Macht und Kontrolle über ihre Opfer an, zeigen ein geringes Einfühlungsvermögen und betreiben Manipulation und Täuschung, um ihre Dominanz aufrechtzuerhalten. Faktoren wie eine Geschichte des Missbrauchs, geringes Selbstwertgefühl, Persönlichkeitsstörungen und gesellschaftliche Einflüsse spielen eine Rolle bei der Gestaltung der Psychologie von Tätern. Durch das Verstehen der Psychologie von Tätern können wir uns auf Prävention, Intervention und die Schaffung von Unterstützungssystemen konzentrieren, die die Sicherheit, das Wohlbefinden und die Würde älterer Menschen fördern.

KAPITEL 4
Die dunklen Ecken enthüllen: Erforschung anfälliger Umgebungen für Missbrauch

In diesem Kapitel werden wir uns mit den Umgebungen befassen, die anfällig für den Missbrauch älterer Menschen sind, und Licht auf die dunklen Ecken werfen, in denen Missbrauch auftreten kann. Durch das Verständnis der Merkmale und Dynamiken dieser Umgebungen können wir proaktive Schritte unternehmen, um Risikofaktoren zu erkennen und anzugehen, die zum Missbrauch älterer Menschen beitragen. Diese Erkundung wird uns helfen, sicherere Umgebungen für unsere älteren Angehörigen zu schaffen.

Häusliche Umgebungen

Häusliche Umgebungen, in denen ältere Menschen oft von Familienangehörigen oder angestellten Pflegekräften betreut werden, können anfällig für den Missbrauch älterer Menschen sein. Mehrere Faktoren tragen zum Missbrauchsrisiko in häuslichen Umgebungen bei:

Isolation

Ältere Menschen, die in Isolation leben oder nur begrenzte soziale Interaktionen haben, können einem höheren Risiko für Missbrauch ausgesetzt sein. Das Fehlen regelmäßiger Interaktionen mit anderen erleichtert es Tätern, Kontrolle auszuüben und ihren missbräuchlichen Verhalten zu verbergen.

Abhängigkeit

Ältere Menschen, die auf andere angewiesen sind, um ihre täglichen Pflegebedürfnisse zu erfüllen, können anfälliger für Missbrauch sein. Diese Abhängigkeit schafft Machtungleichgewichte und kann zur Ausnutzung der Verletzlichkeit älterer Menschen führen.

Belastung der Pflegepersonen

Pflegepersonen, die in häuslichen Umgebungen Pflege leisten, können unter hoher Belastung stehen, was die Wahrscheinlichkeit von missbräuchlichem Verhalten erhöhen kann. Faktoren wie mangelnde Unterstützung, unzureichende Entlastungspflege und überwältigende Pflegeverantwortlichkeiten tragen zur Belastung der Pflegepersonen bei.

Mangelnde Aufsicht

Im Gegensatz zu institutionellen Umgebungen mangelt es häuslichen Umgebungen oft an formeller Aufsicht oder Überwachung. Dieser Mangel an Aufsicht erleichtert es, den Missbrauch unbemerkt zu lassen oder nicht zu melden.

Institutionelle Umgebungen

Institutionelle Umgebungen, einschließlich Pflegeheimen, betreuten Wohnanlagen und Krankenhäusern, bergen ebenfalls Risiken für den Missbrauch älterer Menschen. Obwohl die Mehrheit der Einrichtungen eine qualitativ hochwertige Pflege bietet, können bestimmte Faktoren zum Missbrauch in diesen Umgebungen beitragen:

Unzureichende Personalausstattung

Unzureichende Personalausstattung und hohe Fluktuation des Personals können zu einer angespannten Pflegeumgebung führen. Unterbesetzung erhöht die Arbeitsbelastung für einzelne Pflegekräfte, beeinträchtigt die Qualität der Pflege und schafft eine Umgebung, die anfällig für Vernachlässigung und Missbrauch ist.

Mangelnde Schulung und Aufsicht

Unzureichende Schulung und Aufsicht der Mitarbeiter können zu missbräuchlichem Verhalten beitragen. Mitarbeiter, die nicht ausreichend auf die komplexen Bedürfnisse älterer Menschen vorbereitet sind oder kein Wissen über die Prävention von Altersmissbrauch haben, könnten eher zu missbräuchlichen Praktiken neigen.

Personalüberlastung und Unzufriedenheit im Job

Gesundheitsfachkräfte, die unter Burnout, Unzufriedenheit im Job oder Mitgefühlserschöpfung leiden, neigen möglicherweise eher dazu, missbräuchliches Verhalten zu zeigen. Überarbeitetes und emotional erschöpftes Personal kann älteren Menschen möglicherweise nicht die notwendige Pflege und Aufmerksamkeit bieten, was zu Vernachlässigung oder Misshandlung führen kann.

Kultur der Akzeptanz

Einige institutionelle Umgebungen können eine Kultur haben, die missbräuchliches Verhalten toleriert oder übersieht. Fehlende Rechenschaftspflicht, mangelnde Bearbeitung von Beschwerden oder eine abweisende Haltung gegenüber Bedenken hinsichtlich Altersmissbrauch können zu einer Umgebung beitragen, in der Missbrauch gedeiht.

Gemeinschafts- und Sozialeinstellungen

Gemeinschafts- und Sozialeinstellungen können ebenfalls Risiken für den Altersmissbrauch bergen. Diese Einstellungen umfassen soziale Gruppen, Tageszentren oder Orte, an denen ältere Menschen sich für Freizeit- oder soziale Aktivitäten versammeln. Faktoren, die zum Missbrauchsrisiko in Gemeinschaftseinstellungen beitragen, sind:

Mangel an Wissen und Bildung

Unzureichendes Wissen und mangelnde Sensibilisierung für den Altersmissbrauch in der Gemeinschaft können es erleichtern, dass Missbrauch unbemerkt oder nicht erkannt bleibt. Ältere Menschen und Gemeindemitglieder sind möglicherweise nicht mit den Anzeichen von Missbrauch vertraut oder wissen nicht, wie sie reagieren sollen, wenn Missbrauch vermutet wird.

Ausbeutung durch Betrüger

Ältere Menschen können von Betrügern ins Visier genommen werden, die ihr Vertrauen, ihre Verletzlichkeit oder finanziellen Ressourcen ausnutzen. Betrügereien, die ältere Menschen ins Visier nehmen, wie betrügerische Investitionssysteme oder gefälschte Wohltätigkeitsorganisationen, können zu finanziellem Missbrauch und Ausbeutung führen.

Altersdiskriminierung und Stereotypisierung

Altersdiskriminierung, Vorurteile und Stereotypen über ältere Menschen können zur Ausübung von Missbrauch beitragen. Negative Einstellungen gegenüber älteren Menschen können dazu führen, dass ihr Wohlbefinden nicht beachtet wird, was zu Vernachlässigung oder Misshandlung führen kann.

Mangel an unterstützenden Diensten

Unzureichende Verfügbarkeit von Unterstützungsdiensten wie Beratung, rechtliche Hilfe oder soziale Unterstützung in der Gemeinschaft kann die Identifizierung und Intervention von Fällen von Altersmissbrauch behindern.

Bestimmte Umgebungen sind aufgrund verschiedener Risikofaktoren und Dynamiken anfälliger für Altersmissbrauch. Häusliche Umgebungen, institutionelle Umgebungen und Gemeinschafts-/Sozialeinstellungen stellen jeweils einzigartige Herausforderungen bei der Bewältigung und Prävention von Altersmissbrauch dar. Durch das Erkennen der Merkmale und Verletzlichkeiten dieser Umgebungen können gezielte Interventionen wie verstärkte Überwachung, Programme zur Unterstützung von Pflegepersonen, Bildungs- und Schulungsinitiativen sowie verbesserte Gemeinschaftsressourcen umgesetzt werden. Indem wir Licht in die dunklen Ecken werfen, in denen Missbrauch auftreten kann, können wir daran arbeiten, sicherere Umgebungen für ältere Menschen zu schaffen und eine Gesellschaft zu fördern, die das Wohlbefinden und die Würde unserer älteren Angehörigen wertschätzt und schützt.

Altenheime und betreute Wohnanlagen

Altenheime und betreute Wohnanlagen spielen eine entscheidende Rolle bei der Bereitstellung von Pflege und Unterstützung für ältere Menschen, die Hilfe bei täglichen Aktivitäten benötigen oder spezifische medizinische Bedürfnisse haben. Obwohl die Mehrheit dieser Einrichtungen bestrebt ist, qualitativ hochwertige Pflege zu bieten, gab es Fälle von Altersmissbrauch in diesen Umgebungen. In diesem Abschnitt werden wir Altenheime und betreute Wohnanlagen im Detail betrachten und Licht auf die Faktoren, Herausforderungen und Maßnahmen werfen, die zur Schaffung sicherer und förderlicher Umgebungen für ältere Menschen beitragen können.

Altenheime

Altenheime, auch bekannt als Pflegeheime, sind auf ältere Menschen mit komplexen medizinischen Bedürfnissen oder solche, die rund um die Uhr Pflege benötigen, ausgerichtet. Das Verständnis der Dynamiken und Herausforderungen in Altenheimen ist entscheidend, um Altersmissbrauch zu verhindern und anzugehen. Wichtige Aspekte, die zu berücksichtigen sind:

Medizinische Versorgung und Aufsicht

Altenheime bieten medizinische Versorgung, Überwachung und Unterstützung bei den Aktivitäten des täglichen Lebens für ältere Menschen. Diese Einrichtungen beschäftigen lizenzierte Gesundheitsfachkräfte, darunter Krankenschwestern und Ärzte, die für die Bewältigung der medizinischen Bedürfnisse der Bewohner verantwortlich sind. Jedoch können unzureichende Personalausstattung, hohe Fluktuation oder unzureichende Schulung die Qualität der Versorgung gefährden und das Missbrauchsrisiko erhöhen.

Verhältnis von Bewohnern zu Personal

Eine ausreichende Personalausstattung ist entscheidend, um das Wohlbefinden und die Sicherheit der Bewohner von Altenheimen zu gewährleisten. Ein optimales Verhältnis von Bewohnern zu Personal ermöglicht es den Pflegekräften, individuelle Aufmerksamkeit zu bieten, die Gesundheit der Bewohner zu überwachen und schnell auf ihre Bedürfnisse zu reagieren. Unzureichende Personalausstattung kann zu

Vernachlässigung, unzureichender Überwachung und erhöhtem Stress unter den Pflegekräften führen, was zu missbräuchlichem Verhalten führen kann.

Schulung und Bildung des Personals

Umfassende und fortlaufende Schulungen sind für das Personal von Altenheimen unerlässlich, um effektiv auf die spezifischen Bedürfnisse älterer Menschen einzugehen, einschließlich der Identifizierung und Verhinderung von Altersmissbrauch. Die Schulung sollte Themen wie das Erkennen von Anzeichen von Missbrauch, Kommunikationstechniken, personenzentrierte Pflege und ethische Verantwortung abdecken. Investitionen in die Schulung des Personals können eine Kultur des Mitgefühls, der Empathie und der beruflichen Verantwortung fördern.

Regulatorische Aufsicht

Regulatorische Stellen spielen eine wichtige Rolle bei der Überwachung und Sicherstellung der Qualität der Pflege in Altenheimen. Regierungsbehörden wie die Centers for Medicare and Medicaid Services (CMS) führen regelmäßige Inspektionen durch, setzen Standards durch und untersuchen Beschwerden im Zusammenhang mit Altersmissbrauch und Vernachlässigung. Starke regulatorische Aufsicht und Durchsetzung sind entscheidend für die Aufrechterhaltung der Verantwortlichkeit und die Förderung sicherer Umgebungen für Bewohner.

Betreute Wohnanlagen

Betreute Wohnanlagen bieten eine Mittelposition zwischen eigenständigem Wohnen und Pflegeheimversorgung. Sie bieten unterstützende Dienstleistungen und Hilfe bei täglichen Aktivitäten wie Baden, Anziehen und Medikamentenmanagement, während sie die Unabhängigkeit und Autonomie der Bewohner fördern. Das Verständnis der besonderen Merkmale und Herausforderungen von betreuten Wohnanlagen ist wichtig, um Altersmissbrauch anzugehen. Wesentliche Aspekte sind:

Personenzentrierte Pflege

Betreute Wohnanlagen legen Wert auf personenzentrierte Pflege, die darauf abzielt, individuelle Bedürfnisse und Präferenzen zu erfüllen und die Autonomie der Bewohner zu fördern. Dieser Ansatz ermutigt die aktive Beteiligung der Bewohner an Entscheidungsprozessen und fördert ein Gefühl von Würde, Wahlmöglichkeiten und Kontrolle über ihr Leben.

Rechte und Freiheit der Bewohner

Betreute Wohnanlagen sollten die Rechte der Bewohner wahren und ihre Freiheit schützen. Dies umfasst die Wahrung ihrer Privatsphäre, die Aufrechterhaltung der Vertraulichkeit, die Erlaubnis für Bewohner, Entscheidungen über ihren täglichen Ablauf zu treffen, sowie die Sicherstellung ihrer Sicherheit und Geborgenheit.

Schulung und Kompetenz des Personals

Das Personal von betreuten Wohnanlagen sollte Schulungen erhalten, die sie mit den Fähigkeiten und dem Wissen ausstatten, die erforderlich sind, um die Bedürfnisse der Bewohner zu unterstützen und gleichzeitig Missbrauch zu verhindern. Die Schulung sollte Themen wie das Erkennen von Anzeichen von Missbrauch, Kommunikationsfähigkeiten, personenzentrierte Pflege und ethische Verantwortung abdecken. Fortlaufende Weiterbildung und berufliche Entwicklung sind unerlässlich, um das Personal über bewährte Praktiken und Pflegestandards auf dem Laufenden zu halten.

Unterstützendes Umfeld

Betreute Wohnanlagen sollten ein unterstützendes und inklusives Umfeld fördern, das soziale Interaktion, Möglichkeiten für sinnvolle Aktivitäten und den Austausch zwischen Bewohnern fördert. Durch die Schaffung eines Gemeinschaftsgefühls können Einrichtungen Isolation verhindern, das Wohlbefinden steigern und das Risiko von Missbrauch reduzieren.

Maßnahmen zur Prävention und Intervention

Um sichere und förderliche Umgebungen in Altenheimen und betreuten Wohnanlagen zu schaffen, können mehrere Maßnahmen umgesetzt werden:

Verbesserte Überprüfung des Personals

Gründliche Hintergrundüberprüfungen, Überprüfung von Referenzen und Vor-Einstellungs-Untersuchungen können dazu beitragen, potenzielle Warnzeichen bei künftigen Mitarbeitern zu identifizieren. Dies schließt die Überprüfung früherer Vorfälle von Missbrauch oder Fehlverhalten ein.

Rigorose Schulung des Personals

Umfassende Schulungsprogramme sollten implementiert werden, um das Personal über die Anzeichen von Missbrauch, die Rechte der Bewohner, ethische Verantwortlichkeiten, Kommunikationsfähigkeiten und bewährte Praktiken für personenzentrierte Pflege aufzuklären. Fortlaufende Schulung und Auffrischungskurse sind essentiell, um Wissen zu vertiefen und kontinuierliche Verbesserungen zu fördern.

Förderung der Meldung und Schutz von Whistleblowern

Die Einrichtung klarer Meldemechanismen, vertraulicher Hotlines und Richtlinien zum Schutz von Whistleblowern kann das Personal, Bewohner und Familienmitglieder ermutigen, jeden Verdachtsfall von Missbrauch zu melden, ohne Angst vor Repressalien haben zu müssen. Auch anonyme Meldeoptionen können bereitgestellt werden.

Qualitätssicherung und regelmäßige Inspektionen

Regelmäßige Inspektionen, durchgeführt von regulatorischen Behörden, tragen dazu bei, die Einhaltung von Qualitätsstandards sicherzustellen und Bereiche zu identifizieren, die Verbesserungen erfordern. Diese Inspektionen sollten die Personalausstattung, die Kompetenz des Personals, das Wohlbefinden der Bewohner und die Einhaltung von Missbrauchspräventionsprotokollen bewerten.

Beteiligung der Bewohner und Familien

Die Förderung der Beteiligung von Bewohnern und Familien an der Pflegeplanung, Entscheidungsfindung und Einrichtungsverwaltung fördert Transparenz, Vertrauen und Verantwortlichkeit. Regelmäßige Kommunikationskanäle und Familienräte bieten Möglichkeiten für Feedback, Diskussionen und die Ansprache von Anliegen im Zusammenhang mit Altersmissbrauch.

Altenheime und betreute Wohnanlagen spielen eine entscheidende Rolle bei der Bereitstellung von Pflege und Unterstützung für ältere Menschen. Durch das Verständnis der Dynamiken, Herausforderungen und Maßnahmen in diesen Umgebungen können wir daran arbeiten, sichere Umgebungen zu schaffen, die das Wohlbefinden, die Würde und die Rechte älterer

Menschen priorisieren. Durch Investitionen in angemessene Personalausstattung, umfassende Schulungen, regulatorische Aufsicht und die Förderung von personenzentrierter Pflege können wir das Risiko von Altersmissbrauch reduzieren und die höchste Qualität der Pflege für unsere älteren Angehörigen fördern.

Häusliche Pflegedienste und private Pflegekräfte

Häusliche Pflegedienste und private Pflegekräfte spielen eine bedeutende Rolle bei der Bereitstellung von Pflege und Unterstützung für ältere Menschen in ihren eigenen Häusern. Diese Dienste ermöglichen älteren Menschen, zu Hause zu altern, während sie Hilfe bei täglichen Aktivitäten und individueller Pflege erhalten. Während die meisten häuslichen Pflegedienste und privaten Pflegekräfte engagierte Fachkräfte sind, die sich dem Wohl ihrer Klienten verpflichtet fühlen, ist es wichtig, die Dynamiken, Herausforderungen und Maßnahmen im Zusammenhang mit diesen Diensten zu verstehen, um den Altersmissbrauch zu verhindern. In diesem Abschnitt werden wir häusliche Pflegedienste und private Pflegekräfte im Detail betrachten.

Häusliche Pflegedienste

Häusliche Pflegedienste beschäftigen Pflegekräfte, die Dienstleistungen in den Häusern der Klienten erbringen. Diese Dienste haben oft strukturierte Systeme und Protokolle, um die Qualität der Pflege und die Sicherheit älterer Menschen sicherzustellen. Wichtige Aspekte, die zu berücksichtigen sind:

Überprüfung und Schulung der Pflegekräfte

Häusliche Pflegedienste führen in der Regel gründliche Überprüfungen durch, einschließlich Strafregister und Referenzüberprüfungen, um die Eignung und

Vertrauenswürdigkeit ihrer Pflegekräfte sicherzustellen. Sie bieten auch Schulungen für ihre Mitarbeiter an, um sie mit den notwendigen Fähigkeiten, Kenntnissen und bewährten Praktiken für die Pflege älterer Menschen auszustatten.

Überwachung und Unterstützung

Häusliche Pflegedienste haben in der Regel Vorgesetzte oder Pflegekoordinatoren, die die von den Pflegekräften erbrachte Pflege überwachen. Regelmäßige Überwachung und Unterstützung gewährleisten, dass die Pflegekräfte professionellen Standards folgen, eventuelle Bedenken ansprechen und qualitativ hochwertige Pflege leisten. Vorgesetzte sind auch Ansprechpartner für Klienten und ihre Familien, um Probleme oder Fragen anzusprechen.

Flexibilität und Kontinuität der Pflege

Häusliche Pflegedienste bieten Flexibilität hinsichtlich der Planung und der Arten von Dienstleistungen. Sie bemühen sich, Klienten mit Pflegekräften entsprechend den spezifischen Bedürfnissen und Vorlieben der älteren Menschen zusammenzubringen. Die Dienste haben auch Notfallpläne, um die Kontinuität der Pflege sicherzustellen, falls eine Pflegekraft nicht verfügbar ist.

Regulatorische Aufsicht

In vielen Rechtsordnungen unterliegen häusliche Pflegedienste der regulatorischen Aufsicht, um die Einhaltung von Qualitätsstandards, die Qualifikationen der Pflegekräfte und die Sicherheit der Klienten sicherzustellen. Regierungsbehörden oder Lizenzierungsstellen können Inspektionen durchführen, Beschwerden untersuchen und Vorschriften durchsetzen, um das Wohl älterer Menschen zu schützen.

Private Pflegekräfte

Private Pflegekräfte sind Einzelpersonen, die direkt von älteren Menschen oder deren Familienangehörigen eingestellt werden, um Pflege zu Hause zu leisten. Während private Pflegekräfte individuelle Pflege anbieten, die auf die spezifischen Bedürfnisse der älteren Menschen zugeschnitten ist, sind zusätzliche Überlegungen notwendig, um die Sicherheit und das Wohl beider Parteien zu gewährleisten. Wichtige Aspekte sind:

Gründliche Überprüfung und Überprüfung von Referenzen

Bei der Einstellung einer privaten Pflegekraft ist es wichtig, gründliche Überprüfungen durchzuführen, einschließlich Hintergrundüberprüfungen, Interviews und Überprüfung von Referenzen. Die Beauftragung professioneller Dienste zur Durchführung dieser Überprüfungen kann die Zuverlässigkeit, Vertrauenswürdigkeit und Eignung der Pflegekraft für die Position sicherstellen.

Klare Erwartungen und Vereinbarungen

Die Festlegung klarer Erwartungen, Stellenbeschreibungen und schriftlicher Vereinbarungen mit der privaten Pflegekraft ist entscheidend. Dies umfasst die Definition von Verantwortlichkeiten, Arbeitszeiten, Vergütung und Protokollen zur Meldung von Bedenken oder zur Behandlung von Problemen, die während der Pflegebeziehung auftreten können.

Fortlaufende Kommunikation und Überwachung

Regelmäßige Kommunikation mit der privaten Pflegekraft ist entscheidend, um sicherzustellen, dass die Bedürfnisse des älteren Menschen erfüllt werden, und um aufkommende Bedenken anzusprechen. Periodische Überprüfungen, Treffen oder Feedback-Sitzungen helfen, offene Kommunikationswege aufrechtzuerhalten und die Qualität der erbrachten Pflege zu bewerten.

Backup- und Entlastungspflege

Private Pflegekräfte benötigen möglicherweise freie Tage oder sind aus persönlichen Gründen nicht verfügbar. Es ist wichtig, Backup-Pläne oder Vereinbarungen zu haben, um die Kontinuität der Pflege sicherzustellen. Entlastungspflegedienste, die vorübergehende Entlastung für pflegende Familienmitglieder bieten, können auch wertvoll sein, um Pflegepersonen zu entlasten und das Wohlbefinden sowohl der Pflegekraft als auch des älteren Menschen aufrechtzuerhalten.

Bildung und Schulung

Private Pflegekräfte sollten über die notwendigen Fähigkeiten und Schulungen verfügen, um eine sichere und angemessene Pflege zu bieten. Sie dazu zu ermutigen, an Bildungsprogrammen, Workshops oder Zertifizierungskursen speziell für die Altenpflege teilzunehmen, kann ihr Wissen und ihre Kompetenz verbessern.

Maßnahmen zur Prävention und Intervention

Um Altersmissbrauch bei häuslichen Pflegediensten und privaten Pflegekräften zu verhindern, können mehrere Maßnahmen ergriffen werden:

Aufklärung von Klienten und Familien

Häusliche Pflegedienste und private Pflegekräfte sollten die Aufklärung von Klienten und Familien über Altersmissbrauch priorisieren, einschließlich der Erkennung von Anzeichen von Missbrauch, dem Verständnis von Grenzen und dem Wissen darüber, wie Bedenken gemeldet oder Hilfe gesucht werden kann. Bildungsmaterialien, Workshops oder Informationsveranstaltungen können bereitgestellt werden, um das Bewusstsein zu stärken und proaktives Handeln zu fördern.

Überwachungs- und Feedbacksysteme

Häusliche Pflegedienste können Überwachungssysteme wie Zufriedenheitsumfragen oder regelmäßige Überprüfungen einführen, um Feedback von Klienten und deren Familien zu sammeln. Diese Systeme helfen dabei, Probleme zu identifizieren, die Qualität der Pflege zu bewerten und Möglichkeiten zur Verbesserung zu bieten.

Meldemechanismen

Häusliche Pflegedienste und private Pflegekräfte sollten klare Meldemechanismen für Klienten und deren Familien einführen, um Bedenken oder Verdachtsmomente auf Missbrauch zu melden. Vertrauliche Hotlines oder Ansprechpersonen können bestimmt werden, um die Privatsphäre und den Schutz derjenigen sicherzustellen, die potenziellen Missbrauch melden.

Zusammenarbeit mit Gemeinschaftsressourcen

Häusliche Pflegedienste und private Pflegekräfte können mit Gemeinschaftsorganisationen wie Altersmissbrauch-Hotlines, Sozialdiensten oder Advocacy-Gruppen zusammenarbeiten, um zusätzliche Unterstützung, Ressourcen und Expertise zur Bewältigung von Altersmissbrauch zu erhalten.

Häusliche Pflegedienste und private Pflegekräfte spielen eine wichtige Rolle bei der Unterstützung älterer Menschen, um zu Hause zu altern. Durch das Verständnis der Dynamiken, Herausforderungen und Maßnahmen im Zusammenhang mit diesen Diensten können wir das Wohl, die Sicherheit und die Würde älterer Menschen fördern, die Pflege in ihren eigenen Häusern erhalten. Gründliche Überprüfung, Schulung, Überwachung, klare Kommunikation und Zusammenarbeit mit Gemeinschaftsressourcen sind Schlüsselelemente bei der Verhinderung von Altersmissbrauch und der Gewährleistung hochwertiger Pflege. Durch diese Bemühungen können wir fördernde Umgebungen schaffen, in denen ältere Menschen die Unterstützung erhalten, die sie benötigen, während sie ihre Unabhängigkeit und Würde wahren.

Familiendynamik und generationsübergreifender Missbrauch

Familiendynamik und generationsübergreifender Missbrauch sind komplexe Themen, die eine sorgfältige Untersuchung erfordern, um die Faktoren, Muster und Auswirkungen von Missbrauch innerhalb von Familien über Generationen hinweg zu verstehen. Durch die Erforschung von Familiendynamik und generationsübergreifendem Missbrauch können wir Einblicke in die zugrunde liegenden Ursachen, Dynamiken und Folgen von Missbrauch innerhalb von Familieneinheiten gewinnen. In diesem Abschnitt werden wir diese Themen im Detail betrachten und Licht auf die Komplexitäten und Implikationen werfen, die sie darstellen.

Familiendynamik

Familiendynamik bezieht sich auf die Muster, Interaktionen und Beziehungen, die innerhalb einer Familie bestehen. Diese Dynamiken spielen eine wichtige Rolle bei der Gestaltung individueller Verhaltensweisen, Kommunikationsstile und Machtstrukturen. Verschiedene Faktoren beeinflussen die Familiendynamik, darunter:

Machtungleichgewichte

Familiendynamik beinhaltet oft unterschiedliche Machtverteilungen zwischen Familienmitgliedern. Machtungleichgewichte können durch Faktoren wie Alter, Geschlecht, sozioökonomischen Status oder kulturelle Normen entstehen. Wenn Macht unverhältnismäßig von einem oder wenigen Familienmitgliedern gehalten wird, kann dies zu missbräuchlichem Verhalten beitragen.

Kommunikationsmuster

Kommunikationsstile innerhalb von Familien können beeinflussen, wie Konflikte, Emotionen und Bedürfnisse ausgedrückt und behandelt werden. Offene und gesunde Kommunikation ermöglicht das Teilen von Gefühlen, Anliegen und Problemlösungen, während schlechte Kommunikation oder das Vorhandensein von toxischen Kommunikationsmustern zu Missverständnissen, Feindseligkeit und missbräuchlichen Dynamiken beitragen kann.

Rollen-Erwartungen

Jedes Familienmitglied kann bestimmte Rollen oder Verantwortlichkeiten zugewiesen bekommen, basierend auf gesellschaftlichen oder kulturellen Erwartungen. Diese Rollen können die Machtverhältnisse und Interaktionen innerhalb der Familie beeinflussen. Wenn Rollenerwartungen starr durchgesetzt werden oder wenn Einzelpersonen in Rollen gedrängt werden, die nicht mit ihren Fähigkeiten oder Wünschen übereinstimmen, kann dies Spannungen erzeugen und zu missbräuchlichem Verhalten beitragen.

Generationsübergreifender Missbrauch
Generationsübergreifender Missbrauch bezieht sich auf die Fortsetzung von missbräuchlichem Verhalten innerhalb von Familien über Generationen hinweg. Er tritt auf, wenn Muster von Missbrauch, sei es physisch, emotional, sexuell oder finanziell, von einer Generation auf die nächste übertragen werden. Schlüsselaspekte zur Verständigung von generationsübergreifendem Missbrauch sind:

Gelerntes Verhalten

Personen, die in Familien aufgewachsen sind, in denen sie Missbrauch miterlebt oder erfahren haben, können diese Verhaltensweisen als normal oder akzeptabel internalisieren. Wenn sie selbst Eltern oder Betreuer werden, wiederholen sie möglicherweise unbeabsichtigt die Muster des Missbrauchs, die sie in ihrer Kindheit gelernt haben.

Gewaltzyklus

Der Gewaltzyklus ist ein häufig beobachtetes Muster im generationsübergreifenden Missbrauch. Er umfasst drei Stadien: Spannungsaufbau, akutes gewalttätiges Ereignis und eine Phase der Ruhe oder Versöhnung. Der Zyklus wiederholt sich im Laufe der Zeit, wobei jede Generation ähnliche Missbrauchsmuster erlebt.

Emotionale und psychologische Auswirkungen

Generationsübergreifender Missbrauch kann tiefe emotionale und psychologische Auswirkungen auf Einzelpersonen haben. Überlebende von Missbrauch können Traumata, ungelösten Zorn oder Gefühle der Ohnmacht ins Erwachsenenalter mitnehmen. Diese ungelösten Emotionen können zu missbräuchlichem

Verhalten oder zur Fortsetzung von Missbrauch in nachfolgenden Generationen beitragen.

Kulturelle und gesellschaftliche Faktoren

Kulturelle und gesellschaftliche Faktoren können den generationsübergreifenden Missbrauch beeinflussen. Normen, die missbräuchliches Verhalten dulden oder tolerieren, Überzeugungen über Machtverhältnisse innerhalb von Familien oder Stigmatisierung bei der Suche nach Hilfe können den generationsübergreifenden Missbrauch aufrechterhalten.

Den Zyklus durchbrechen Den Zyklus des generationsübergreifenden Missbrauchs zu durchbrechen, ist entscheidend, um gesündere Familiendynamiken zu schaffen und das Wohlbefinden zukünftiger Generationen zu fördern. Strategien zur Unterbrechung des Zyklus umfassen:

Bildung und Bewusstsein Bildung und Bewusstseinsbildung über gesunde Beziehungen, Erziehungsfähigkeiten und die Auswirkungen von Missbrauch sind von entscheidender Bedeutung. Dies kann Einzelpersonen befähigen, missbräuchliche Muster zu erkennen und herauszufordern sowie Hilfe zu suchen, wenn nötig.

Therapie und Beratung

Das Anbieten von Therapie- und Beratungsdiensten für Missbrauchsüberlebende kann ihren Heilungsprozess unterstützen und ihnen helfen, gesündere Bewältigungsmechanismen und Beziehungsfähigkeiten zu entwickeln. Familientherapie kann ebenfalls hilfreich sein, um die zugrunde liegenden Probleme und Dynamiken anzugehen, die zum generationsübergreifenden Missbrauch beitragen.

Unterstützende Ressourcen

Zugängliche und umfassende Unterstützungsressourcen wie Telefon-Hotlines, Selbsthilfegruppen und Gemeinschaftsprogramme sind entscheidend, um Einzelpersonen bei der Bewältigung der Herausforderungen des generationsübergreifenden Missbrauchs zu helfen. Diese Ressourcen können emotionale Unterstützung, praktische Hilfe und Anleitung bieten, um den Missbrauchszyklus zu durchbrechen.

Elternprogramme

Die Bereitstellung von Elternprogrammen, die sich auf positive Erziehungstechniken, Kommunikationsfähigkeiten und Stressbewältigung konzentrieren, kann Einzelpersonen helfen, gesündere Erziehungsstile zu entwickeln und den Zyklus des Missbrauchs innerhalb ihrer eigenen Familien zu durchbrechen.

Familiendynamik und generationsübergreifender Missbrauch sind komplexe Themen, die eine gründliche Erkundung und Verständnis erfordern. Indem wir die Machtverhältnisse, Kommunikationsmuster und Rollenerwartungen innerhalb von Familien erkennen, können wir Einblicke in die Faktoren gewinnen, die zum generationsübergreifenden Missbrauch beitragen. Den Missbrauchszyklus durch Bildung, Therapie, unterstützende Ressourcen und Elternprogramme zu durchbrechen, ist entscheidend, um gesunde Familiendynamiken zu fördern und die Fortsetzung von missbräuchlichem Verhalten über Generationen hinweg zu verhindern. Durch die Schaffung sicherer, förderlicher und unterstützender Umgebungen können wir Einzelpersonen dabei unterstützen, sich aus dem Missbrauchszyklus zu befreien und gesündere, mitfühlendere familiäre Beziehungen aufzubauen.

Horreurs Cachées

KAPITEL 5
Das Schweigen brechen Melden und Eingreifen fördern

In diesem Kapitel werden wir die Bedeutung des Durchbrechens des Schweigens im Zusammenhang mit dem Missbrauch älterer Menschen erkunden und eine Kultur fördern, die das Melden und Eingreifen unterstützt. Indem wir die Barrieren beim Melden erkennen, das Bewusstsein fördern und effektive Interventionsstrategien umsetzen, können wir Einzelpersonen befähigen, aktiv zu werden und ältere Menschen vor Missbrauch zu schützen. Dieses Kapitel wird das Thema im Detail behandeln und Licht auf die Bedeutung des Durchbrechens des Schweigens und die Förderung eines proaktiven Ansatzes zur Bewältigung des Missbrauchs älterer Menschen werfen.

Meldeschwierigkeiten

Bevor wir die Strategien zur Förderung des Meldens und Eingreifens angehen, ist es wichtig, die Barrieren zu erkennen, die Menschen daran hindern, den Missbrauch älterer Menschen zu melden. Einige häufige Barrieren sind:

Angst und Scham

Opfer von Missbrauch älterer Menschen erleben oft Angst und Scham, die sie daran hindern können, sich zu äußern oder Hilfe zu suchen. Sie könnten Angst vor Rache, dem Verlust von

Unterstützung oder weiterem Missbrauch haben. Das Stigma, ein Opfer von Missbrauch zu sein, kann auch zu Schamgefühlen und Unwillen führen, ihre Erfahrungen offenzulegen.

Abhängigkeit und Machtungleichgewicht

Ältere Menschen, die auf ihre Täter für Pflege und Unterstützung angewiesen sind, könnten sich gefangen und abhängig fühlen, was es schwierig macht, den Missbrauch zu melden. Machtungleichgewichte in Beziehungen, insbesondere wenn der Täter ein Familienmitglied oder Betreuer ist, können ein Gefühl der Machtlosigkeit und Angst vor Konsequenzen erzeugen.

Mangelndes Bewusstsein

Viele Menschen, einschließlich älterer Menschen selbst, könnten sich der Anzeichen und Formen von Missbrauch älterer Menschen nicht bewusst sein. Sie könnten missbräuchliches Verhalten nicht erkennen oder es als normalen Teil des Alterns oder der familiären Dynamik abtun. Ohne ausreichendes Wissen könnten sie nicht erkennen, dass sie das Recht haben, zu melden und Hilfe zu suchen.

Kommunikations- und kognitive Barrieren

Einige ältere Menschen könnten Kommunikations- oder kognitive Herausforderungen haben, die ihre Fähigkeit zum Melden von Missbrauch beeinträchtigen. Dies könnte auf Sprachbarrieren, kognitiven Abbau oder Gesundheitszustände zurückzuführen sein, die ihre Fähigkeit beeinflussen, ihre Erfahrungen auszudrücken oder Hilfe zu suchen.

Bewusstsein und Bildung fördern

Um das Melden und Eingreifen zu fördern, ist es entscheidend, das Bewusstsein für den Missbrauch älterer Menschen und dessen Konsequenzen zu schärfen. Schlüsselstrategien umfassen:

Öffentliche Bewusstseinskampagnen

Die Durchführung von öffentlichen Bewusstseinskampagnen, um die allgemeine Bevölkerung über den Missbrauch älterer Menschen, dessen Anzeichen und die Bedeutung des Meldens aufzuklären, ist entscheidend. Diese Kampagnen können verschiedene Medien nutzen, einschließlich Fernsehen, Radio, soziale Medien und Gemeindeveranstaltungen, um eine breite Zielgruppe zu erreichen und das Verständnis zu fördern.

Gezielte Ansprache

Die Umsetzung gezielter Outreach-Programme, die sich speziell darauf konzentrieren, ältere Menschen, Betreuer und Fachleute in relevanten Bereichen wie Gesundheitswesen, Sozialdiensten und Strafverfolgung zu erreichen, kann das Bewusstsein und Wissen über den Missbrauch älterer Menschen erhöhen. Diese Programme können Bildungsmaterialien, Workshops und Schulungssitzungen bereitstellen, um Einzelpersonen mit den Werkzeugen auszustatten, um den Missbrauch älterer Menschen zu erkennen und darauf zu reagieren.

Gemeindebeteiligung

Die Einbindung von Gemeindeorganisationen, Glaubensgruppen und örtlichen Behörden in die Diskussion über den Missbrauch älterer Menschen kann unterstützende Netzwerke und Ressourcen für das Melden und Eingreifen fördern. Die Zusammenarbeit mit diesen Einrichtungen kann zur Entwicklung von gemeindespezifischen Strategien und Unterstützungssystemen führen.

Ältere Menschen stärken

Ältere Menschen zu befähigen, ihre Rechte geltend zu machen, sich zu äußern und Missbrauch zu melden, ist von entscheidender Bedeutung. Älteren Menschen Informationen über ihre Rechte, Möglichkeiten zum Melden und Zugang zu unterstützenden Diensten bereitzustellen, befähigt sie dazu, gegen Missbrauch vorzugehen.

Effektive Interventionsstrategien

Die Umsetzung wirksamer Interventionsstrategien ist entscheidend für die Reaktion auf gemeldete Fälle von Missbrauch älterer Menschen und die Bereitstellung angemessener Unterstützung. Schlüsselstrategien umfassen:

Multidisziplinärer Ansatz

Die Einrichtung multidisziplinärer Teams, die Fachleute aus verschiedenen Bereichen wie Gesundheitswesen, Sozialdiensten, Strafverfolgung, Recht und Finanzwesen umfassen, kann eine umfassende und koordinierte Reaktion auf gemeldete Fälle von Missbrauch älterer Menschen gewährleisten. Diese Teams können zusammenarbeiten, Informationen austauschen und Interventionspläne entwickeln, die auf die spezifischen Bedürfnisse jedes Falls zugeschnitten sind.

Verbesserte Meldemechanismen

Die Implementierung von zugänglichen und vertraulichen Meldemechanismen, wie beispielsweise Hotlines oder Online-Meldeplattformen, ermutigt Einzelpersonen dazu, mit ihren

Anliegen an die Öffentlichkeit zu treten. Diese Mechanismen sollten weit verbreitet beworben, leicht zugänglich und so gestaltet sein, dass sie unterschiedlichen Kommunikationsbedürfnissen gerecht werden, einschließlich älterer Menschen mit Behinderungen oder Sprachbarrieren.

Unterstützungsdienste

Die Bereitstellung einer Reihe von Unterstützungsdiensten, einschließlich Beratung, rechtlicher Unterstützung, Finanzberatung und Notunterkünften, ist entscheidend, um den Bedürfnissen älterer Menschen, die Missbrauch erlebt haben, gerecht zu werden. Diese Dienste sollten leicht verfügbar, kultursensibel und spezialisiert sein, um den einzigartigen Herausforderungen älterer Menschen gerecht zu werden.

Rechtliche und Schutzmaßnahmen

Die Stärkung rechtlicher Rahmenbedingungen und Schutzmaßnahmen kann als Abschreckung gegen den Missbrauch älterer Menschen wirken und Möglichkeiten für Gerechtigkeit bieten. Dies kann die Verabschiedung von Gesetzen umfassen, die den Missbrauch älterer Menschen explizit unter Strafe stellen, die Einführung von Schutzanordnungen und die Verschärfung von Strafen für Täter.

Das Durchbrechen des Schweigens rund um den Missbrauch älterer Menschen und die Förderung des Meldens und Eingreifens sind entscheidend, um ältere Menschen vor Missbrauch zu schützen. Indem wir die Barrieren beim Melden angehen, das Bewusstsein fördern und Bildung anbieten sowie effektive Interventionsstrategien umsetzen, können wir eine Gesellschaft schaffen, die die Sicherheit, das Wohlbefinden und die Würde älterer Menschen priorisiert. Es erfordert eine gemeinsame Anstrengung von Einzelpersonen, Gemeinschaften, Organisationen und Regierungen, um eine Kultur zu fördern, in der das Melden von Missbrauch ermutigt wird und unterstützende Systeme vorhanden sind, um schnell und effektiv auf Fälle von Missbrauch älterer Menschen zu reagieren. Durch aktives Handeln können wir ältere Menschen befähigen, Täter zur Rechenschaft ziehen und daran arbeiten, eine Welt frei von Misshandlung älterer Menschen zu schaffen.

Überwindung der Meldbarrieren

Die Überwindung der Meldbarrieren ist entscheidend, um den Missbrauch älterer Menschen anzugehen und zu verhindern. Durch das Verstehen der Hindernisse, mit denen Einzelpersonen konfrontiert sind, wenn sie Missbrauch melden, und durch die Umsetzung von Strategien, um diese zu überwinden, können wir eine unterstützende Umgebung schaffen, die Opfer und Zeugen ermutigt, an die Öffentlichkeit zu treten. In diesem Abschnitt werden wir die gängigen Meldbarrieren bei Missbrauch älterer Menschen erkunden und effektive Möglichkeiten diskutieren, diese zu überwinden.

Angst und Scham

Angst und Scham sind bedeutende Barrieren, die Einzelpersonen daran hindern, den Missbrauch älterer Menschen zu melden. Opfer können Angst vor Vergeltung, weiterem Missbrauch oder dem Verlust von Unterstützungsnetzwerken haben. Gefühle von Scham und Peinlichkeit können Opfer auch davon abhalten, über ihre Erfahrungen zu sprechen. Die Überwindung dieser Barriere erfordert die Schaffung einer Umgebung, in der sich

Einzelpersonen sicher und ermächtigt fühlen, Missbrauch zu melden. Strategien zur Bewältigung von Angst und Scham sind:

Vertrauliche Meldemechanismen

Die Einrichtung vertraulicher Meldemechanismen wie Hotlines, Online-Plattformen oder anonyme Meldemöglichkeiten kann Einzelpersonen, die Vergeltung oder Offenlegung befürchten, ein Gefühl der Sicherheit vermitteln. Die Gewährleistung der Vertraulichkeit ist entscheidend, um Opfer und Zeugen zu ermutigen, an die Öffentlichkeit zu treten.

Ermächtigung und Unterstützung

Die Bereitstellung von Unterstützungsdiensten wie Beratung, Unterstützung bei rechtlichen Angelegenheiten und Rechtsbeistand stärkt die Opfer und verringert das Gefühl von Isolation und Scham. Die Aufklärung von Einzelpersonen über ihre Rechte und verfügbaren Ressourcen kann das Vertrauen in die Meldung von Missbrauch stärken.

Aufklärungskampagnen

Öffentliche Aufklärungskampagnen, die die Bedeutung der Meldung betonen, Erfolgsgeschichten von Überlebenden hervorheben und das Stigma im Zusammenhang mit dem Opfer von Missbrauch in Frage stellen, können dazu beitragen, gesellschaftliche Einstellungen zu verändern und das Gefühl von Scham oder Peinlichkeit zu reduzieren.

Abhängigkeit und Machtungleichgewicht

Abhängigkeit von Tätern und Machtungleichgewichte in Beziehungen können Barrieren für die Meldung von Missbrauch älterer Menschen schaffen. Ältere Menschen können sich gefangen fühlen oder von ihren Tätern in Bereichen wie Pflege, Finanzen oder emotionaler Unterstützung abhängig sein. Die Überwindung dieser Barriere erfordert die Bereitstellung von Alternativen und Unterstützung, um sich aus missbräuchlichen Situationen zu befreien. Strategien zur Bewältigung von Abhängigkeit und Machtungleichgewichten sind:

Zugängliche Unterstützungsdienste

Die Sicherstellung einer Reihe von Unterstützungsdiensten wie Unterkünften, Beratung, finanzieller Unterstützung und Gesundheitsversorgung kann Opfern die Ressourcen bieten, die sie benötigen, um unabhängig von ihren Tätern zu werden.

Stärkung der Entscheidungsfindung

Die Stärkung älterer Menschen, Entscheidungen über ihr Leben, ihre Gesundheit und Finanzen zu treffen, kann ihre Abhängigkeit von Tätern verringern. Die Bereitstellung von Informationen, Bildung und unterstützender Anleitung zur Entscheidungsfindung und Autonomie kann ältere Menschen befähigen, ihre Rechte geltend zu machen und Hilfe zu suchen, wenn nötig.

Förderung von Unterstützungsnetzwerken

Die Unterstützung bei der Bildung von Verbindungen mit unterstützenden Familienmitgliedern, Freunden und Gemeinschaftsorganisationen kann Opfern dabei helfen, ein Netzwerk von Menschen aufzubauen, die Hilfe und Ressourcen bereitstellen können. Unterstützende Beziehungen außerhalb der missbräuchlichen Situation können den Entschluss der Einzelpersonen stärken, sich aus dem Missbrauch zu befreien.

Mangelnde Aufklärung

Der Mangel an Aufklärung über Anzeichen und Formen von Misshandlung älterer Menschen kann die Meldung behindern. Viele Personen, einschließlich älterer Menschen selbst, erkennen möglicherweise missbräuchliches Verhalten nicht oder verstehen ihre Rechte in missbräuchlichen Situationen nicht. Die Überwindung dieser Barriere erfordert umfassende Bildung und Aufklärungskampagnen. Strategien zur Bewältigung des Mangels an Aufklärung sind:

Bildungsprogramme

Die Implementierung von Bildungsprogrammen, die das Bewusstsein für Misshandlung älterer Menschen, deren Anzeichen und Konsequenzen schärfen, ist entscheidend. Diese Programme können sich an ältere Menschen, Betreuer, Fachleute in relevanten Bereichen und die Öffentlichkeit richten. Informationen über Meldewege und verfügbare Unterstützungsdienste bereitzustellen, ist entscheidend, um Einzelpersonen zu befähigen, Maßnahmen zu ergreifen.

Bildungsprogramme

Die Implementierung von Bildungsprogrammen, die das Bewusstsein für Misshandlung älterer Menschen, deren Anzeichen und Konsequenzen schärfen, ist entscheidend. Diese Programme können sich an ältere Menschen, Betreuer, Fachleute in relevanten Bereichen und die allgemeine Öffentlichkeit richten. Die Bereitstellung von Informationen über Meldewege und verfügbare Unterstützungsdienste ist entscheidend, um Einzelpersonen zu befähigen, Maßnahmen zu ergreifen. Zusammenarbeit mit Gemeindeorganisationen

Die Zusammenarbeit mit Gemeindeorganisationen, Seniorenzentren, Gesundheitsdienstleistern und religiösen Gruppen kann dazu beitragen, Informationen über Misshandlung älterer Menschen zu verbreiten und die Meldung zu fördern. Diese Organisationen können als vertrauenswürdige Informations- und Unterstützungsquellen innerhalb der Gemeinschaft dienen.

Öffentliche Aufklärungskampagnen

Die Durchführung von öffentlichen Aufklärungskampagnen über verschiedene Medienkanäle wie Fernsehen, Radio, soziale Medien und Gemeindeveranstaltungen kann eine breite Öffentlichkeit erreichen und die Bevölkerung über die Anzeichen von Misshandlung älterer Menschen und die Bedeutung der Meldung aufklären. Diese Kampagnen sollten betonen, dass die Meldung von Missbrauch eine bürgerschaftliche Verantwortung ist und Leben retten kann.

Kommunikations- und kognitive Barrieren

Kommunikations- und kognitive Herausforderungen älterer Menschen können ihre Fähigkeit zur Meldung von Missbrauch beeinträchtigen. Sprachbarrieren, kognitive Beeinträchtigungen oder Gesundheitszustände können ihre Fähigkeit zur Artikulation ihrer Erfahrungen oder zum Verständnis des Meldungsprozesses behindern. Die Überwindung dieser Barriere erfordert maßgeschneiderte Ansätze und Unterstützung. Strategien zur Bewältigung von Kommunikations- und kognitiven Barrieren sind:

Mehrsprachige Unterstützung

Die Bereitstellung von mehrsprachigen Hotlines, Dolmetschern und schriftlichen Materialien in verschiedenen Sprachen gewährleistet, dass Sprachbarrieren Einzelpersonen nicht daran hindern, Missbrauch zu melden. Kultursensible Unterstützungsdienste sollten für Personen mit unterschiedlichen sprachlichen Hintergründen verfügbar sein.

Kommunikationshilfen

Die Bereitstellung von Kommunikationshilfen wie bildbasierten Meldewerkzeugen, vereinfachten Formularen oder assistiven Technologien kann älteren Menschen mit kognitiven Beeinträchtigungen helfen, ihre Erfahrungen auszudrücken. Auch die Schulung von Fachleuten und Betreuungspersonen im Umgang mit älteren Menschen mit kognitiven Beeinträchtigungen ist unerlässlich.

Zusammenarbeit mit Fachleuten

Die Zusammenarbeit mit Gesundheitsfachleuten, Sozialarbeitern und Geriatriespezialisten, die Erfahrung in der Kommunikation mit älteren Menschen haben, kann den Meldungsprozess verbessern. Diese Fachleute können geeignete Techniken einsetzen, um eine effektive Kommunikation zu ermöglichen und das Vertrauen älterer Menschen aufzubauen.

Die Überwindung von Meldbarrieren ist entscheidend, um Misshandlung älterer Menschen anzugehen und Opfer zu unterstützen. Durch die Bewältigung von Angst und Scham, Abhängigkeit und Machtungleichgewichten, mangelnder Aufklärung sowie Kommunikations- und kognitiven Barrieren können wir eine Umgebung schaffen, die zur Meldung und Intervention ermutigt. Die Umsetzung von Strategien wie vertraulichen Meldemechanismen, Aufklärungskampagnen, zugänglichen Unterstützungsdiensten, Ermächtigung und maßgeschneiderten Kommunikationsansätzen kann Einzelpersonen dabei helfen, diese Barrieren zu überwinden. Durch das Brechen des Schweigens und die Schaffung einer Kultur, die die Meldung unterstützt, können wir bedeutende Fortschritte bei der Verhinderung von Misshandlung älterer Menschen erzielen und das Wohlergehen und die Sicherheit älterer Menschen fördern.

Die Bedeutung des Eingreifens von Passanten

Die Bedeutung des Eingreifens von Passanten bei der Bewältigung von Misshandlungen älterer Menschen darf nicht übersehen werden. Passanten, die Zeugen von oder Verdacht auf missbräuchliche Situationen haben, spielen eine entscheidende Rolle bei der Verhinderung von Schäden, der Unterstützung von Opfern und der Förderung einer Kultur, die Missbrauch ablehnt. Durch das Verständnis für die Bedeutung des Eingreifens von Passanten können wir Einzelpersonen ermächtigen, Maßnahmen zu ergreifen und sicherere Umgebungen für ältere Erwachsene zu schaffen. In diesem Abschnitt werden wir die Bedeutung des Eingreifens von Passanten im Detail erkunden.

Früherkennung und Prävention

Passanten können oft Anzeichen von Misshandlungen älterer Menschen erkennen, bevor sie eskalieren oder schwere Schäden verursachen. Durch frühzeitiges Eingreifen können sie weitere Misshandlungen verhindern und das Wohlbefinden älterer Menschen schützen. Das Erkennen von Anzeichen von Misshandlungen älterer Menschen, wie unerklärliche Verletzungen, Verhaltensänderungen, Isolation oder finanzielle Ausbeutung, ermöglicht es Passanten, Maßnahmen zu ergreifen und schnell Hilfe zu suchen. Frühes Eingreifen kann missbräuchliche Dynamiken stören, Opfer aus schädlichen Situationen herausholen und zukünftige Vorfälle von Misshandlung verhindern.

Schaffung einer unterstützenden Umgebung

Das Eingreifen von Passanten trägt dazu bei, eine unterstützende Umgebung zu schaffen, in der Opfer von Misshandlungen älterer Menschen sich sicher fühlen und sich bei der Offenlegung ihrer Erfahrungen unterstützt fühlen. Wenn Passanten sich gegen Missbrauch aussprechen, senden sie Opfern eine starke Botschaft, dass sie nicht allein sind und ihr Wohlbefinden zählt. Diese unterstützende Umgebung ermutigt Opfer, sich zu melden, Hilfe zu suchen und das Schweigen um ihre Misshandlung zu brechen. Durch die Schaffung einer Kultur, die die Sicherheit und Würde älterer Erwachsener priorisiert, hilft das Eingreifen von Passanten, gesellschaftliche Einstellungen zur Verhinderung und Bewältigung von Misshandlungen älterer Menschen zu verändern.

Stärkung der Opfer

Das Eingreifen von Passanten kann Opfer von Misshandlungen älterer Menschen stärken, indem es zeigt, dass sie nicht machtlos sind und Hilfe verfügbar ist. Wenn Passanten eingreifen, können Opfer das Vertrauen gewinnen, ihre Erfahrungen preiszugeben, Hilfe zu suchen und Schritte zur Befreiung aus missbräuchlichen Situationen zu unternehmen. Passanten können emotionale Unterstützung bieten, die Erfahrungen von Opfern bestätigen und sie mit geeigneten Ressourcen und Dienstleistungen in Verbindung bringen. Diese Stärkung hilft Opfern, die Kontrolle über ihr Leben zurückzugewinnen und trägt zu ihrem allgemeinen Wohlbefinden bei.

Zur Rechenschaft ziehen der Täter

Das Eingreifen von Passanten spielt eine entscheidende Rolle dabei, Täter von Misshandlungen älterer Menschen für ihre Handlungen zur Rechenschaft zu ziehen. Indem Passanten sich gegen Misshandlung aussprechen, senden sie eine klare Botschaft, dass ein solches Verhalten nicht toleriert wird. Diese Verantwortlichkeit kann Täter davon abhalten, ihr missbräuchliches Verhalten fortzusetzen, und dazu beitragen, den Kreislauf von Misshandlungen innerhalb von Familien und Gemeinschaften zu durchbrechen. Das Eingreifen von Passanten unterstützt auch Behörden und Fachleute bei der Sammlung von Beweisen und der Einleitung angemessener rechtlicher Schritte gegen die Täter.

Bildung und Bewusstsein

Das Eingreifen von Passanten trägt zur Bildung und Sensibilisierung für Misshandlungen älterer Menschen in Gemeinschaften bei. Wenn Passanten handeln, erhöhen sie das Bewusstsein bei anderen über die Anzeichen, Formen und Konsequenzen von Misshandlungen älterer Menschen. Diese gesteigerte Aufmerksamkeit hilft Einzelpersonen, missbräuchliches Verhalten zu erkennen, die Bedeutung von Meldungen zu verstehen und proaktive Schritte zur Verhinderung von Missbrauch zu unternehmen. Das Eingreifen von Passanten dient auch als Modell für zukünftige Generationen und lehrt sie die Bedeutung des Eintretens gegen Ungerechtigkeit und die Förderung einer Kultur des Respekts und der Empathie.

Kollaborativer Ansatz

Das Eingreifen von Passanten erfordert einen kollaborativen Ansatz, der Einzelpersonen, Gemeinschaften, Organisationen und

Fachleute einbezieht. Es fördert ein Gefühl der gemeinsamen Verantwortung bei der Bewältigung von Misshandlungen älterer Menschen. Wenn Passanten ihre Bedenken oder Verdachtsmomente melden, setzt dies eine Reihe von Maßnahmen in Gang, an denen Strafverfolgungsbehörden, Gesundheitsfachleute, Sozialdienste und rechtliche Behörden beteiligt sind. Dieser kollaborative Ansatz stellt sicher, dass Opfer die notwendige Unterstützung und Intervention erhalten und dass Täter für ihre Handlungen zur Rechenschaft gezogen werden.

Verhinderung von Wiederholungen

Das Eingreifen von Passanten trägt zur Verhinderung von Wiederholungen von Misshandlungen älterer Menschen bei. Wenn Passanten eingreifen und missbräuchliche Situationen melden, unterbricht dies den Kreislauf von Missbrauch und sendet die Botschaft, dass ein solches Verhalten nicht toleriert wird. Indem Passanten die zugrunde liegenden Probleme ansprechen, die zu Misshandlungen älterer Menschen beitragen, können sie zukünftige Vorfälle verhindern und eine sicherere Umgebung für ältere Erwachsene schaffen. Das Eingreifen von Passanten wirkt auch abschreckend, da potenzielle Täter sich bewusst werden, dass ihre Handlungen von anderen beobachtet und gemeldet werden können.

Das Eingreifen von Passanten ist eine wesentliche Komponente bei der Bewältigung von Misshandlungen älterer Menschen und der Förderung der Sicherheit und des Wohlbefindens älterer Erwachsener. Durch das Erkennen von Anzeichen von Misshandlung, frühzeitiges Eingreifen, Schaffung einer unterstützenden Umgebung, Stärkung der Opfer, Zur-Rechenschaft-Ziehen der Täter, Bildung von Gemeinschaften und Annahme eines kollaborativen Ansatzes spielen Passanten eine entscheidende Rolle bei der Verhinderung und Bewältigung von Misshandlungen älterer Menschen. Durch ihr Handeln senden Passanten eine starke Botschaft aus, dass Misshandlung älterer Menschen inakzeptabel ist und eine Kultur fördert, die die Rechte und Würde älterer Erwachsener wertschätzt und schützt.

Vertraulichkeit und rechtlicher Schutz für Whistleblower

Vertraulichkeit und rechtlicher Schutz für Whistleblower sind wesentliche Schutzmaßnahmen, die Einzelpersonen ermutigen, Informationen über Fehlverhalten, einschließlich Misshandlung älterer Menschen, zu melden. Whistleblower spielen eine entscheidende Rolle bei der Aufdeckung von Fehlverhalten, der Unterstützung von Opfern und der Förderung von Verantwortlichkeit. Durch das Verständnis der Bedeutung von Vertraulichkeit und rechtlichem Schutz können wir eine Umgebung schaffen, in der sich Einzelpersonen sicher und unterstützt fühlen, wenn sie Misshandlung älterer Menschen melden. In diesem Abschnitt werden wir die Bedeutung von Vertraulichkeit und rechtlichem Schutz für Whistleblower im Detail untersuchen.

Vertraulichkeit

Vertraulichkeit ist ein grundlegendes Prinzip im Bereich des Whistleblowings, das die Privatsphäre und den Schutz von Personen gewährleistet, die Fehlverhalten melden. Sie ist besonders wichtig bei Fällen von Misshandlung älterer Menschen, da sie Zeugen oder Opfer ermutigt, ohne Angst vor Vergeltungsmaßnahmen vorzutreten. Die Bedeutung der Vertraulichkeit im Whistleblowing umfasst:

Schutz vor Vergeltungsmaßnahmen

Vertraulichkeit schützt Whistleblower vor möglicher Vergeltung durch Arbeitgeber, Kollegen oder mutmaßliche Täter. Indem ihre Identität und Informationen vertraulich gehalten werden, können Whistleblower Misshandlung älterer Menschen melden, ohne befürchten zu müssen, dass sich dies negativ auf ihr persönliches oder berufliches Leben auswirkt.

Förderung von Meldungen

Vertraulichkeit schafft einen sicheren Raum, in dem Einzelpersonen Informationen über Misshandlung älterer Menschen offenlegen können. Die Gewissheit, dass ihre Identität geschützt wird, erhöht die Wahrscheinlichkeit, dass Zeugen oder Opfer vorkommen, was zu einem genaueren Verständnis des Ausmaßes und der Art des Missbrauchs führt.

Aufrechterhaltung des Vertrauens

Die Gewährleistung der Vertraulichkeit baut Vertrauen zwischen Whistleblowern und den Stellen auf, die Berichte erhalten und untersuchen. Whistleblower benötigen die Zusicherung, dass ihre Informationen mit größter Sorgfalt behandelt und ohne ihre Zustimmung nicht offengelegt werden.

Erleichterung von Untersuchungen

Vertraulichkeit ermöglicht es Ermittlern, Informationen zu sammeln, Zeugen zu befragen und die Validität von Anschuldigungen zu überprüfen, ohne die Identität des Whistleblowers zu gefährden. Dies ermöglicht eine gründliche und unvoreingenommene Untersuchung der gemeldeten Misshandlung älterer Menschen.

Rechtlicher Schutz für Whistleblower

Rechtlicher Schutz für Whistleblower ist entscheidend, um ihre Rechte zu wahren, ihr Wohlbefinden sicherzustellen und die Offenlegung von Misshandlung älterer Menschen zu fördern. Diese Schutzmaßnahmen variieren je nach Rechtsprechung, umfassen jedoch häufig folgende Elemente:

Maßnahmen gegen Vergeltung

Gesetze enthalten oft Bestimmungen, die Arbeitgebern verbieten, Vergeltungsmaßnahmen gegen Whistleblower zu ergreifen, die Misshandlung älterer Menschen melden. Vergeltung kann verschiedene Formen annehmen, wie Kündigung, Degradierung, Belästigung oder Aufnahme auf eine schwarze Liste. Rechtlicher Schutz stellt sicher, dass Whistleblower Bedenken äußern können, ohne Angst vor negativen Arbeitsmaßnahmen haben zu müssen.

Vertraulichkeit und Anonymität

Rechtliche Rahmenbedingungen können spezifische Bestimmungen zur Aufrechterhaltung der Vertraulichkeit und Anonymität von Whistleblowern vorsehen. Diese Schutzmaßnahmen verhindern die Offenlegung der Identität eines Whistleblowers während Ermittlungen oder rechtlichen Verfahren, bieten ein höheres Maß an Sicherheit und reduzieren potenzielle Risiken.

Whistleblower-Hotlines und Meldemechanismen

Die Gesetzgebung kann die Einrichtung von Whistleblower-Hotlines oder Meldemechanismen vorschreiben, um sicherzustellen, dass Einzelpersonen Misshandlung älterer Menschen sicher und vertraulich melden können. Diese Kanäle bieten eine direkte und sichere Möglichkeit für Whistleblower, Informationen offenzulegen und gleichzeitig ihre Identität zu schützen.

Rechtliche Mittel und Entschädigung

Whistleblower-Schutzgesetze können rechtliche Mittel und Entschädigung für Whistleblower anbieten, die Vergeltungsmaßnahmen oder Schaden aufgrund ihrer Enthüllungen erfahren. Dies bietet Whistleblowern die Möglichkeit, Abhilfe zu suchen, wenn ihre Rechte aufgrund ihrer Meldung von Misshandlungen älterer Menschen verletzt werden.

Vorteile von Vertraulichkeit und rechtlichem Schutz

Vertraulichkeit und rechtlicher Schutz für Whistleblower in Fällen von Misshandlungen älterer Menschen haben mehrere signifikante Vorteile, darunter:

Verbesserte Meldungen

Die Bereitstellung von Vertraulichkeit und rechtlichem Schutz erhöht die Wahrscheinlichkeit, dass Einzelpersonen Misshandlungen älterer Menschen melden. Whistleblower trauen sich eher herauszutreten, da sie wissen, dass ihre Identität und Rechte geschützt werden, was zu einem genaueren Verständnis des Ausmaßes und der Natur von Misshandlungen älterer Menschen führt.

Abschreckung von Vergeltungsmaßnahmen

Rechtliche Schutzmaßnahmen schrecken Arbeitgeber und potenzielle Täter davon ab, Vergeltungsmaßnahmen gegen Whistleblower zu ergreifen. Die Angst vor rechtlichen Konsequenzen für Vergeltungsmaßnahmen fördert eine Kultur des Respekts, der Transparenz und der Verantwortlichkeit.

Förderung von Verantwortlichkeit

Vertraulichkeit und rechtliche Schutzmaßnahmen fördern die Verantwortlichkeit, indem sie gründliche Untersuchungen von Anschuldigungen von Misshandlungen älterer Menschen ermöglichen. Die Informationen der Whistleblower können objektiv bewertet werden, ohne Beeinflussung oder Einschüchterung, was zu angemessenen Maßnahmen gegen Täter und präventiven Maßnahmen zur Bewältigung systemischer Probleme führt.

Vertrauen und Zuversicht

Durch die Wahrung der Vertraulichkeit und die Bereitstellung rechtlicher Schutzmaßnahmen zeigen Organisationen ihr Engagement für die Bewältigung von Misshandlungen älterer Menschen und den Schutz von Whistleblowern. Dies fördert Vertrauen und Zuversicht in den Meldungsprozess und ermutigt mehr Einzelpersonen, vorzutreten und bei der Verhinderung zukünftiger Vorfälle von Missbrauch zusammenzuarbeiten.

Vertraulichkeit und rechtlicher Schutz sind wesentliche Elemente beim Whistleblowing im Zusammenhang mit Misshandlungen älterer Menschen. Diese Schutzmaßnahmen schaffen eine Umgebung, in der Zeugen und Opfer sich sicher und unterstützt fühlen, wenn sie Missbrauch melden. Durch die Wahrung der Vertraulichkeit sind Whistleblower vor Vergeltungsmaßnahmen geschützt und können Informationen ohne Angst vor negativen Konsequenzen offenlegen. Rechtliche Schutzmaßnahmen schützen die Rechte der Whistleblower weiter, gewährleisten, dass sie vor Schaden geschützt sind, und bieten Möglichkeiten zur Abhilfe. Durch die Wahrung der Vertraulichkeit und die Implementierung robuster rechtlicher Schutzmaßnahmen können wir Whistleblower ermutigen, Misshandlungen älterer

Menschen aufzudecken, Verantwortlichkeit zu fördern und sicherere Umgebungen für ältere Erwachsene zu schaffen.

KAPITEL 6
Rechtliche Rahmenbedingungen: Verständnis der Rechte und Schutzmaßnahmen für Senioren

In diesem Kapitel werden wir die rechtlichen Rahmenbedingungen untersuchen, die existieren, um die Rechte von Senioren zu schützen und Misshandlung älterer Menschen zu verhindern. Das Verständnis dieser Rahmenbedingungen ist wesentlich für die Förderung des Wohlbefindens, der Würde und der Sicherheit älterer Erwachsener. Wir werden uns mit den Rechten und Schutzmaßnahmen befassen, die Senioren zustehen, der relevanten Gesetzgebung und den Vorschriften sowie den Durchsetzungsmechanismen, die vorhanden sind. Durch das Begreifen der rechtlichen Rahmenbedingungen können wir uns für die Rechte von Senioren einsetzen und zur Prävention und Intervention von Misshandlung älterer Menschen beitragen.

Internationale und regionale Standards

Internationale und regionale Organisationen haben Standards und Leitlinien festgelegt, die die Rechte und Schutzmaßnahmen für Senioren umreißen. Zu den wichtigsten Instrumenten gehören:

Prinzipien der Vereinten Nationen für ältere Menschen

Die Prinzipien der Vereinten Nationen für ältere Menschen betonen die Rechte älterer Erwachsener und legen den Schwerpunkt auf deren Unabhängigkeit, Teilhabe, Fürsorge, Selbstverwirklichung und Würde. Diese Prinzipien fordern die Beseitigung von Diskriminierung, Bereitstellung von Unterstützungsdiensten sowie Zugang zu Gesundheitsversorgung, Wohnraum und sozialer Sicherheit.

Allgemeine Erklärung der Menschenrechte

Die Allgemeine Erklärung der Menschenrechte erkennt die inhärente Würde und gleichen Rechte aller Individuen an, unabhängig von ihrem Alter. Sie legt die Grundlage für den Schutz der Rechte von Senioren, einschließlich des Rechts auf Leben, Freiheit, Sicherheit und Schutz vor Misshandlung oder Ausbeutung.

Regionale Instrumente

Regionale Organisationen wie die Europäische Union, die Organisation Amerikanischer Staaten und die Afrikanische Union haben ebenfalls spezifische Instrumente zur Rechtsschutz von älteren Erwachsenen entwickelt. Diese Instrumente variieren je nach Region, behandeln jedoch in der Regel Themen wie Diskriminierung, soziale Absicherung, Gesundheitsversorgung und Zugang zur Justiz.

Nationale Gesetzgebung und Vorschriften

Viele Länder haben spezifische Gesetze und Vorschriften erlassen, um Senioren vor Misshandlung zu schützen und ihre Rechte zu wahren. Zu den wichtigsten Bereichen, die von nationaler Gesetzgebung behandelt werden, gehören:

Gesetze gegen Misshandlung älterer Menschen

Einige Länder haben Gesetze erlassen, die sich gezielt gegen Misshandlung älterer Menschen richten. Diese Gesetze definieren Misshandlung älterer Menschen, legen Strafen für Täter fest und skizzieren Meldemechanismen und Interventionsverfahren. Sie können verschiedene Formen von Misshandlung abdecken, wie physische, emotionale, sexuelle, finanzielle und Vernachlässigung.

Gesetze für Schutzdienste für Erwachsene

Gesetze für Schutzdienste für Erwachsene stellen einen Rahmen für die Prävention und Intervention von Missbrauch, Vernachlässigung und Ausbeutung von schutzbedürftigen Erwachsenen, einschließlich Senioren, dar. Diese Gesetze ermächtigen Behörden, Berichte zu untersuchen, Schutzdienste bereitzustellen und mit relevanten Stellen zusammenzuarbeiten, um die Sicherheit und das Wohlbefinden älterer Erwachsener sicherzustellen.

Vormundschafts- und Kapazitätsgesetze

Vormundschafts- und Kapazitätsgesetze regeln die Entscheidungsfindung und den Schutz von Senioren, die möglicherweise nicht in der Lage sind, informierte Entscheidungen zu treffen. Diese Gesetze schaffen Mechanismen zur Bestellung von Vormündern, gewährleisten Transparenz in Entscheidungsprozessen und schützen die Rechte und Interessen von Senioren.

Gesundheits- und Sozialfürsorgegesetze

Gesetzgebung im Zusammenhang mit Gesundheits- und Sozialfürsorge enthält oft Bestimmungen, die die Rechte und das Wohlbefinden von Senioren schützen. Diese Gesetze behandeln

Themen wie Zugang zu qualitativ hochwertiger Gesundheitsversorgung, Langzeitpflegedienste, soziale Unterstützung und die Verhinderung von Altersdiskriminierung in diesen Bereichen. Durchsetzung und Meldemechanismen Um die wirksame Umsetzung rechtlicher Rahmenbedingungen sicherzustellen, sind Durchsetzungs- und Meldemechanismen entscheidend. Wichtige Elemente der Durchsetzung und Meldung sind:

Meldemechanismen

Rechtliche Rahmenbedingungen legen oft Meldemechanismen für vermutete Fälle von Misshandlung älterer Menschen fest. Diese Mechanismen können Hotlines, Online-Meldportale oder beauftragte Stellen umfassen, die für die Entgegennahme und Untersuchung von Berichten zuständig sind.

Strafverfolgung und rechtliche Maßnahmen

Strafverfolgungsbehörden spielen eine entscheidende Rolle bei der Untersuchung von Fällen von Misshandlung älterer Menschen, der Sammlung von Beweisen und der Verfolgung rechtlicher Schritte gegen Täter. Rechtliche Maßnahmen wie einstweilige Verfügungen, Schutzanordnungen oder strafrechtliche Verfolgungen dienen dazu, Missbraucher zur Rechenschaft zu ziehen und den Opfern Gerechtigkeit zu verschaffen.

Regulatorische Aufsicht

Regulierungsbehörden können die Umsetzung von Gesetzen und Vorschriften im Zusammenhang mit der Betreuung und Behandlung von Senioren überwachen. Diese Stellen überwachen Einrichtungen, untersuchen Beschwerden und setzen die Einhaltung von Qualitätsstandards durch, um die Rechte und das Wohlbefinden von Senioren zu schützen.

Fürsprache und Unterstützungsdienste

Nichtregierungsorganisationen, Interessengruppen und Unterstützungsdienste spielen eine wichtige Rolle dabei, die Rechte von Senioren zu schützen. Sie bieten Unterstützung, Bildung und Fürsprache in Fragen im Zusammenhang mit Misshandlung älterer Menschen, helfen Senioren bei der Navigation durch rechtliche Prozesse und dem Zugang zu Unterstützungsdiensten.

Das Verständnis der rechtlichen Rahmenbedingungen, die die Rechte von Senioren schützen und Misshandlung älterer Menschen verhindern, ist entscheidend für die Förderung des Wohlbefindens, der Würde und der Sicherheit älterer Erwachsener. Internationale und regionale Standards, nationale Gesetzgebung und Durchsetzungsmechanismen arbeiten zusammen, um einen Rahmen zu schaffen, der die Rechte von Senioren aufrechterhält und Möglichkeiten zur Abhilfe in Fällen von Missbrauch bietet. Durch die Befürwortung der Umsetzung und Durchsetzung dieser rechtlichen Rahmenbedingungen können wir zu einer Gesellschaft beitragen, die die Rechte älterer Erwachsener respektiert und schützt und sich dafür einsetzt, Misshandlung älterer Menschen zu verhindern und anzugehen.

Rechtliche Rahmenbedingungen: Verständnis der Rechte und Schutzmaßnahmen für Senioren

Gesetze und Vorschriften zur Bekämpfung von Misshandlungen älterer Menschen sind entscheidend, um ältere Erwachsene vor Schaden zu schützen, ihre Rechte zu wahren und einen Rahmen für Prävention und Intervention bereitzustellen.

Diese Gesetze variieren je nach Rechtsprechung, umfassen jedoch in der Regel eine Vielzahl von rechtlichen Maßnahmen, um verschiedene Formen von Misshandlung älterer Menschen anzugehen, Meldemechanismen zu etablieren und Täter zur Rechenschaft zu ziehen. In diesem Abschnitt werden wir die wichtigen Gesetze und Vorschriften zur Bekämpfung von Misshandlungen älterer Menschen erkunden und die Bedeutung dieser rechtlichen Rahmenbedingungen für das Wohlbefinden und die Würde älterer Erwachsener hervorheben.

Definition von Misshandlung älterer Menschen

Gesetze und Vorschriften zur Bekämpfung von Misshandlungen älterer Menschen beginnen typischerweise mit einer klaren Definition dessen, was Misshandlung älterer Menschen darstellt. Diese Definition kann verschiedene Formen von Misshandlung umfassen, einschließlich physischer, emotionaler, sexueller, finanzieller und Vernachlässigung. Die Definition von Misshandlung älterer Menschen hilft dabei, ein gemeinsames Verständnis zu schaffen und dient als Grundlage für rechtliche Maßnahmen und Interventionen.

Meldemechanismen und Intervention

Effektive Meldemechanismen und Interventionen sind entscheidend, um Misshandlungen älterer Menschen rasch anzugehen und die Sicherheit älterer Erwachsener zu gewährleisten. Gesetze und Vorschriften geben Richtlinien für die Meldung vermuteter Fälle von Misshandlung älterer Menschen vor, indem sie Meldewege wie Hotlines, Online-Plattformen oder beauftragte Stellen etablieren, die für die Entgegennahme und Untersuchung von Berichten verantwortlich sind. Diese Mechanismen sollen eine rechtzeitige Intervention erleichtern, Opfer schützen und Beweise sammeln, um Täter zur Verantwortung zu ziehen.

Schutzanordnungen und einstweilige Verfügungen

Gesetze und Vorschriften umfassen oft Bestimmungen für die Erlangung von Schutzanordnungen oder einstweiligen Verfügungen bei Fällen von Misshandlungen älterer Menschen. Diese rechtlichen Maßnahmen dienen dazu, das Wohlbefinden und die Sicherheit älterer Erwachsener zu schützen, indem Täter daran gehindert werden, sich Opfern zu nähern oder Kontakt aufzunehmen. Schutzanordnungen bieten einen rechtlichen Rahmen, um weitere Schäden zu verhindern und die physische und emotionale Sicherheit älterer Erwachsener zu gewährleisten.

Strafrechtliche Sanktionen

Um Misshandlungen älterer Menschen abzuschrecken und Täter zur Verantwortung zu ziehen, setzen Gesetze und Vorschriften strafrechtliche Sanktionen für diejenigen fest, die schuldig befunden werden, ältere Erwachsene zu misshandeln. Diese Strafen können je nach Schwere der Misshandlung variieren und Geldstrafen, Freiheitsstrafen oder beides umfassen. Die Kriminalisierung von Misshandlungen älterer Menschen sendet eine klare Botschaft, dass solches Verhalten inakzeptabel ist, und kann potenzielle Täter abschrecken.

Finanzieller Schutz

Finanzielle Ausbeutung ist eine verbreitete Form von Misshandlung älterer Menschen, und Gesetze und Vorschriften behandeln dieses Problem oft spezifisch. Sie bieten Schutzmaßnahmen, um ältere Erwachsene vor finanzieller Ausbeutung, Betrug, unangemessendem Einfluss und

Missmanagement ihrer Vermögenswerte zu schützen. Diese Schutzmaßnahmen können Maßnahmen wie eine stärkere finanzielle Aufsicht, die Verhängung von Strafen bei finanzieller Ausbeutung und rechtliche Abhilfen für Opfer umfassen.

Vorschriften für Langzeitpflege

Gesetze und Vorschriften zur Bekämpfung von Misshandlungen älterer Menschen umfassen oft spezifische Bestimmungen für Einrichtungen der Langzeitpflege, darunter Pflegeheime und betreute Wohnanlagen. Diese Vorschriften zielen darauf ab, die Qualität der erbrachten Pflege sicherzustellen, die Rechte der Bewohner zu schützen und Misshandlung in diesen Einrichtungen zu verhindern. Sie können Anforderungen an die Schulung von Personal, Bewohnerrechte, Einrichtungsinspektionen und Beschwerdeuntersuchungsverfahren umfassen.

Vormundschafts- und Kapazitätsgesetze

Vormundschafts- und Kapazitätsgesetze spielen eine entscheidende Rolle beim Schutz älterer Erwachsener, die möglicherweise nicht die Fähigkeit haben, informierte Entscheidungen zu treffen, oder anfällig für unangemessenen Einfluss sind. Diese Gesetze schaffen Mechanismen zur Bestellung von Vormündern, wenn dies erforderlich ist, gewährleisten Transparenz in Entscheidungsprozessen und schützen die Rechte und Interessen älterer Erwachsener. Sie bieten einen rechtlichen Rahmen zum Schutz verwundbarer Senioren vor Ausbeutung und Misshandlung.

Pflicht zur Meldung

Einige Rechtsprechungen haben eine Pflicht zur Meldung für Fachleute eingeführt, die eng mit älteren Erwachsenen zusammenarbeiten, wie Gesundheitsdienstleister, Sozialarbeiter und Finanzinstitute. Diese Gesetze verlangen von Fachleuten, vermutete Fälle von Misshandlungen älterer Menschen den zuständigen Behörden zu melden, um sicherzustellen, dass Fälle von Misshandlung nicht übersehen werden und Opfer die notwendige Intervention und Unterstützung erhalten.

Anforderungen an Schulung und Bildung

Gesetze und Vorschriften können Anforderungen an Schulung und Bildung für Fachleute vorschreiben, die mit älteren Erwachsenen arbeiten, um ihr Wissen und ihre Fähigkeiten bei der Erkennung und Reaktion auf Misshandlungen älterer Menschen zu verbessern. Diese Anforderungen stellen sicher, dass Fachleute in der Lage sind, die Anzeichen von Misshandlungen zu erkennen, ihre Meldepflichten zu verstehen und älteren Erwachsenen in Not angemessene Unterstützung und Intervention zu bieten.

Nichtdiskriminierung und Altersdiskriminierung

Gesetze und Vorschriften zur Bekämpfung von Misshandlungen älterer Menschen umfassen oft Bestimmungen, die Diskriminierung aufgrund des Alters verbieten und die Gleichberechtigung für ältere Erwachsene fördern. Diese Bestimmungen tragen dazu bei, Altersdiskriminierung entgegenzuwirken und sicherzustellen, dass ältere Erwachsene unabhängig von ihrem Alter oder ihren Verwundbarkeiten mit Respekt und Würde behandelt werden.

Gesetze und Vorschriften zur Bekämpfung von Misshandlungen älterer Menschen sind entscheidend, um ältere Erwachsene zu schützen, Misshandlung zu verhindern und Wege zur Intervention und Gerechtigkeit bereitzustellen. Diese rechtlichen

Rahmenbedingungen definieren Misshandlungen älterer Menschen, etablieren Meldemechanismen und Interventionen, verhängen strafrechtliche Sanktionen und behandeln spezifische Formen von Misshandlung wie finanzielle Ausbeutung. Indem wir uns für robuste rechtliche Rahmenbedingungen einsetzen, Bewusstsein schaffen und ihre effektive Umsetzung sicherstellen, können wir eine Gesellschaft schaffen, die die Rechte und das Wohlbefinden älterer Erwachsener wahrnimmt, Misshandlungen älterer Menschen bekämpft und eine Kultur des Respekts und der Würde für Senioren fördert.

Vormundschaft und Konservatorium

Vormundschaft und Konservatorium sind rechtliche Vereinbarungen, die die Bestellung eines Vormunds oder Konservators zur Entscheidungsfindung im Namen von Personen umfassen, die aufgrund von Unfähigkeit oder Verletzlichkeit nicht in der Lage sind, informierte Entscheidungen zu treffen. Diese Vereinbarungen zielen darauf ab, die Rechte und Interessen von Personen zu schützen, die möglicherweise einem Risiko von Ausbeutung oder Vernachlässigung ausgesetzt sind. In diesem Abschnitt werden wir die Konzepte von Vormundschaft und Konservatorium, ihre Zwecke und den rechtlichen Rahmen, der diese Vereinbarungen umgibt, erkunden.

Vormundschaft

Die Vormundschaft ist eine rechtliche Beziehung, bei der ein Vormund durch ein Gericht bestellt wird, um persönliche und/oder finanzielle Entscheidungen für eine Person zu treffen, die als unfähig eingestuft wird. Die Unfähigkeit kann auf altersbedingtem kognitivem Abbau, psychischen Erkrankungen, Entwicklungsstörungen oder anderen Faktoren beruhen, die die

Fähigkeit der Person beeinträchtigen, Entscheidungen im besten Interesse zu treffen. Die wesentlichen Aspekte der Vormundschaft umfassen

Bestellung

Ein Vormund wird in der Regel durch einen rechtlichen Prozess bestellt, der die Einreichung einer Petition bei Gericht umfasst. Das Gericht wertet Beweise aus und entscheidet, ob die Person nicht in der Lage ist, unabhängig Entscheidungen zu treffen. Wenn dies für notwendig erachtet wird, wird das Gericht einen Vormund bestellen, der die rechtliche Befugnis erhält, im Namen der unfähigen Person Entscheidungen zu treffen.

Pflichten und Befugnisse

Der Vormund übernimmt die Verantwortung für Entscheidungen in Bereichen wie Gesundheitswesen, Wohnverhältnisse, persönliche Betreuung und finanzielle Angelegenheiten. Der Umfang der Befugnisse des Vormunds wird vom Gericht festgelegt und kann von begrenzter Entscheidungsfindung bis hin zur vollen Autorität über die Angelegenheiten der Person reichen.

Berichterstattung und Überwachung

Vormünder sind in der Regel verpflichtet, regelmäßig Berichte an das Gericht zu liefern, in denen die getroffenen Entscheidungen und das Wohlbefinden der Person unter ihrer Obhut dokumentiert werden. Das Gericht übt Aufsicht aus, um sicherzustellen, dass der Vormund im besten Interesse der unfähigen Person handelt und seine Befugnisse nicht missbraucht.

Konservatorium

Das Konservatorium, auch bekannt als Vermögensverwaltungsvormundschaft, konzentriert sich speziell auf die Verwaltung der finanziellen Angelegenheiten und Vermögenswerte einer Person, die nicht in der Lage ist, diese eigenständig zu verwalten. Der Zweck des Konservatoriums besteht darin, das finanzielle Wohlergehen der Person zu schützen und finanzielle Ausbeutung zu verhindern. Wesentliche Aspekte des Konservatoriums umfassen

Bestellung

Ähnlich wie bei der Vormundschaft erfordert das Konservatorium einen gerichtlichen Prozess zur Bestellung eines Konservators. Das Gericht überprüft Beweise und entscheidet, ob die Person aufgrund von Unfähigkeit oder Verwundbarkeit nicht in der Lage ist, ihre finanziellen Angelegenheiten zu verwalten. Bei Bedarf wird ein Konservator bestellt, um das Vermögen der Person zu überwachen und zu verwalten.

Finanzmanagement

Der Konservator übernimmt die Verantwortung für die Verwaltung der Finanzen der Person, was das Bezahlen von Rechnungen, das Verwalten von Investitionen, das Einreichen von Steuererklärungen und das Treffen finanzieller Entscheidungen im besten Interesse der Person umfassen kann. Der Konservator ist dem Gericht gegenüber verantwortlich und kann verpflichtet sein, für bedeutende finanzielle Transaktionen die Zustimmung des Gerichts einzuholen.

Berichterstattung und Überwachung

Ähnlich wie bei der Vormundschaft sind Konservatoren in der Regel verpflichtet, regelmäßige Berichte an das Gericht zu liefern, in denen ihre finanzielle Verwaltung und das Wohlbefinden der Person dokumentiert werden. Das Gericht übt Aufsicht aus, um sicherzustellen, dass der Konservator im besten Interesse der Person handelt und keine finanziellen Vergehen begeht.

Rechtlicher Rahmen und Schutzmaßnahmen

Der rechtliche Rahmen für Vormundschaft und Konservatorium variiert je nach Rechtsprechung, aber es gibt gemeinsame Elemente, um den Schutz der Rechte von Personen sicherzustellen und Missbrauch zu verhindern. Diese Schutzmaßnahmen umfassen

Rechtsstaatlichkeit

Der rechtliche Prozess zur Bestellung eines Vormunds oder Konservators umfasst die Benachrichtigung der Person, die Möglichkeit, gehört zu werden, und rechtliche Vertretung. Dies stellt sicher, dass die Rechte der Person respektiert werden und Entscheidungen über ihre Betreuung und ihr Vermögen fair und transparent getroffen werden.

Am wenigsten einschränkende Alternativen

Gerichte streben in der Regel danach, die am wenigsten einschränkenden Alternativen zu wählen, wenn sie über Vormundschaft oder Konservatorium nachdenken. Das bedeutet, andere Optionen wie unterstützte Entscheidungsfindung, Vorsorgevollmacht oder Patientenverfügung zu prüfen, bevor man sich für volle Vormundschaft oder Konservatorium entscheidet.

Regelmäßige Überprüfung und Neubewertung

Das Gericht überprüft in regelmäßigen Abständen Fälle von Vormundschaft und Konservatorium, um die Fähigkeit der Person und den fortlaufenden Bedarf an der Anordnung neu zu bewerten. Dieser Überprüfungsprozess stellt sicher, dass Vormundschaft und Konservatorium weiterhin notwendig sind und die Rechte der Person kontinuierlich geschützt werden.

Schutz vor Interessenkonflikten

Vormünder und Konservatoren unterliegen im Allgemeinen Regeln und Vorschriften, die Interessenkonflikte verhindern und Selbstbedienung verbieten. Dies verhindert den Missbrauch von Autorität und stellt sicher, dass Entscheidungen ausschließlich im besten Interesse der unfähigen Person getroffen werden.

Gerichtliche Aufsicht und Verantwortlichkeit

Die Gerichte üben Aufsicht aus, um die Handlungen von Vormündern und Konservatoren zu überwachen, ihre Berichte zu prüfen und aufkommende Bedenken oder Beschwerden von interessierten Parteien anzugehen. Dies gewährleistet Verantwortlichkeit und bietet einen Mechanismus zur Beilegung von Streitigkeiten oder Anschuldigungen von Fehlverhalten.

Herausforderungen und Kritik

Vormundschafts- und Konservatoriumssysteme sind in einigen Rechtsprechungen auf Kritik und Herausforderungen gestoßen. Bedenken umfassen möglichen Missbrauch von Befugnissen durch Vormünder oder Konservatoren, mangelnde angemessene Rechtsstaatlichkeit, begrenzte Alternativen, die vor der Anwendung von Vormundschaft geprüft werden, und das Potenzial für die Verletzung der Rechte von Personen. Diese Herausforderungen haben laufende Diskussionen und Bemühungen zur Verbesserung der Systeme, Einführung von Alternativen und Stärkung der vorhandenen Schutzmaßnahmen angestoßen.

Vormundschaft und Konservatorium sind rechtliche Vereinbarungen, die dazu dienen, Personen zu schützen, die aufgrund von Unfähigkeit oder Verwundbarkeit keine eigenständigen Entscheidungen treffen können. Diese Vereinbarungen bieten einen Rahmen für Entscheidungsfindung und finanzielle Verwaltung im Namen der unfähigen Person. Während das Hauptziel darin besteht, die Rechte und das Wohlbefinden der Personen zu schützen, ist es wichtig, angemessene rechtliche Schutzmaßnahmen und Überwachungsmechanismen einzuführen, um Missbrauch zu verhindern und die Rechte der Personen zu schützen. Regelmäßige Überprüfung, Transparenz, Verantwortlichkeit und die Erforschung der am wenigsten einschränkenden Alternativen sind wesentlich, um eine Balance zwischen Schutz und Achtung der Autonomie und Würde der Personen unter Vormundschaft oder Konservatorium zu finden.

Patientenverfügungen und Gesundheitsentscheidungen

Patientenverfügungen und Gesundheitsentscheidungen sind wesentliche Bestandteile einer personenzentrierten Pflege und ermöglichen es Einzelpersonen, ihre Präferenzen für medizinische Versorgung im Voraus auszudrücken und Entscheidungen über ihre medizinische Behandlung im Voraus zu treffen. Diese rechtlichen Dokumente und Prozesse gewährleisten, dass die Gesundheitswünsche einer Person respektiert werden, selbst wenn sie nicht in der Lage sind zu kommunizieren oder eigenständig Entscheidungen zu treffen. In diesem Abschnitt werden

Patientenverfügungen, Gesundheitsentscheidungen und ihre Bedeutung bei der Stärkung von Einzelpersonen und der Förderung der Autonomie in der Gesundheitsversorgung erläutert.

Patientenverfügungen

Patientenverfügungen sind rechtliche Dokumente, die Einzelpersonen befähigen, ihre Präferenzen für die Gesundheitsversorgung auszudrücken und Entscheidungen über ihre medizinische Behandlung im Voraus zu treffen. Diese Verfügungen treten in Kraft, wenn die Person aufgrund von Unfähigkeit oder einer medizinischen Erkrankung nicht in der Lage ist, ihre Wünsche zu kommunizieren. Zu den wichtigsten Arten von Patientenverfügungen gehören

Patientenverfügung

Eine Patientenverfügung ist ein schriftliches Dokument, das die Präferenzen einer Person für medizinische Behandlung, End-of-Life-Versorgung und Wiederbelebungsmaßnahmen festlegt. Sie gibt Gesundheitsdienstleistern Anweisungen zur Verwendung lebenserhaltender Maßnahmen wie mechanischer Beatmung, Schlauchfütterung oder kardiopulmonaler Wiederbelebung (CPR).

Vorsorgevollmacht für die Gesundheitsfürsorge

Eine Vorsorgevollmacht für die Gesundheitsfürsorge, auch bekannt als Gesundheitsvollmacht oder Bevollmächtigter für medizinische Entscheidungen, ist eine Einzelperson, die von der Person ernannt wird, um Gesundheitsentscheidungen in ihrem Namen zu treffen. Der Bevollmächtigte sollte eine Person sein, der die Einzelperson vertraut und die mit ihren Werten und Wünschen vertraut ist.

Nicht-Wiederbeleben (Nicht-RC) Anordnungen

Eine Nicht-Wiederbeleben (Nicht-RC) Anordnung ist eine spezifische Anweisung, die Gesundheitsdienstleister anweist, im Falle eines Herzstillstands keine kardiopulmonale Wiederbelebung (CPR) durchzuführen. Diese Anordnung spiegelt die Entscheidung der Person wider, auf aggressive Wiederbelebungsmaßnahmen zu verzichten.

Bedeutung von Patientenverfügungen

Patientenverfügungen haben mehrere wichtige Zwecke und bieten zahlreiche Vorteile, darunter

Autonomie und persönliche Wahl

Patientenverfügungen ermöglichen es Einzelpersonen, die Kontrolle über ihre Gesundheitsentscheidungen aufrechtzuerhalten, selbst wenn sie nicht kommunizieren können. Sie erlauben es Einzelpersonen, die Arten von Behandlungen zu bestimmen, die sie erhalten möchten oder nicht möchten, und gewährleisten, dass ihre Gesundheitspräferenzen und Werte respektiert werden.

Gelassenheit

Das Vorhandensein von Patientenverfügungen gibt Einzelpersonen und ihren Angehörigen Sicherheit in dem Wissen, dass ihre Wünsche bezüglich medizinischer Behandlung und End-of-Life-Versorgung dokumentiert sind und eingehalten werden. Dies reduziert Unsicherheit und verringert mögliche Konflikte oder Meinungsverschiedenheiten zwischen Familienmitgliedern und Gesundheitsdienstleistern.

Entlastung der Angehörigen

Patientenverfügungen nehmen den Angehörigen die Last ab, indem sie die Gesundheitswünsche der Einzelperson klar formulieren. Dies beseitigt die Notwendigkeit für Familienmitglieder, schwierige Entscheidungen in emotional herausfordernden Situationen zu treffen, reduziert potenzielle Konflikte und gewährleistet die Einhaltung der Präferenzen der Einzelperson.

Konsistenz in der Entscheidungsfindung

Patientenverfügungen fördern die Konsistenz in der Entscheidungsfindung, gewährleisten, dass Gesundheitsdienstleister den dokumentierten Präferenzen der Einzelperson folgen. Dies ist besonders wichtig in Fällen, in denen Familienmitglieder unterschiedliche Meinungen haben oder wenn Entscheidungen in Notfällen schnell getroffen werden müssen.

Respekt vor persönlichen Werten und Überzeugungen

Patientenverfügungen ermöglichen es Einzelpersonen, ihre medizinischen Behandlungsentscheidungen mit ihren persönlichen Werten, kulturellen Überzeugungen und religiösen oder spirituellen Perspektiven in Einklang zu bringen. Dies stellt sicher, dass die erhaltenen medizinischen Leistungen mit ihren tief verwurzelten Überzeugungen übereinstimmen und ihre Würde und Identität wahren.

Gesundheitsentscheidungsfindung

Neben Patientenverfügungen beinhaltet die Gesundheitsentscheidungsfindung fortlaufende Diskussionen und Prozesse, um sicherzustellen, dass Einzelpersonen eine Stimme in ihrer medizinischen Behandlung haben. Schlüsselelemente der Gesundheitsentscheidungsfindung umfassen

Informierte Einwilligung

Die informierte Einwilligung ist ein grundlegendes Prinzip der Gesundheitsentscheidungsfindung. Gesundheitsdienstleister sind verpflichtet, Einzelpersonen relevante Informationen über ihren medizinischen Zustand, verfügbare Behandlungsoptionen, potenzielle Risiken und Vorteile sowie alternative Ansätze zur Verfügung zu stellen. Einzelpersonen können dann informierte Entscheidungen über ihre Gesundheitsversorgung auf Grundlage dieser Informationen treffen.

Geteilte Entscheidungsfindung

Die geteilte Entscheidungsfindung ist ein gemeinsamer Prozess zwischen der Einzelperson und ihrem Gesundheitsdienstleister. Sie beinhaltet die Diskussion von Behandlungsoptionen, die Berücksichtigung der Werte und Präferenzen der Einzelperson und die gemeinsame Entscheidung über den geeignetsten Handlungsverlauf. Die geteilte Entscheidungsfindung fördert Autonomie, patientenzentrierte Versorgung und die Integration medizinischer Expertise mit individuellen Werten und Zielen.

Stellvertretende Entscheidungsfindung

In Fällen, in denen Einzelpersonen nicht in der Lage sind, Gesundheitsentscheidungen zu treffen oder keinen Bevollmächtigten für medizinische Entscheidungen ernannt haben, tritt die stellvertretende Entscheidungsfindung in Kraft. Stellvertretende Entscheidungsträger, in der Regel Familienmitglieder oder enge Freunde, treffen Entscheidungen auf

Grundlage ihres Verständnisses der Präferenzen und besten Interessen der Einzelperson.

Kommunikation und Vorausplanung der Versorgung

Effektive Kommunikation zwischen Einzelpersonen, ihren Familien und Gesundheitsdienstleistern ist in der Gesundheitsentscheidungsfindung von wesentlicher Bedeutung. Offene und ehrliche Gespräche über medizinische Zustände, Prognosen, Behandlungsoptionen und individuelle Präferenzen tragen dazu bei, sicherzustellen, dass Entscheidungen mit den Zielen und Werten der Einzelperson übereinstimmen. Die Vorausplanung der Versorgung umfasst diese Gespräche und die Erstellung von Patientenverfügungen zur Anleitung zukünftiger Entscheidungsfindung.

Rechtliche Anerkennung und Umsetzung

Um die rechtliche Anerkennung und Umsetzung von Patientenverfügungen und Gesundheitsentscheidungen sicherzustellen, haben Jurisdiktionen Gesetze und Vorschriften erlassen. Diese Gesetze legen die Anforderungen für die Erstellung gültiger Patientenverfügungen fest, klären die Autorität von Bevollmächtigten für medizinische Entscheidungen und geben Gesundheitsdienstleistern Richtlinien für die Einhaltung von Patientenverfügungen und die Einbeziehung von Einzelpersonen in die Entscheidungsfindung.

Patientenverfügungen und Gesundheitsentscheidungsfindung sind entscheidende Aspekte einer personenzentrierten Versorgung, die Einzelpersonen befähigen, ihre Gesundheitspräferenzen auszudrücken und Entscheidungen über ihre medizinische Behandlung zu treffen. Diese rechtlichen Dokumente und Prozesse bieten Autonomie, Sicherheit und Konsistenz in der Entscheidungsfindung. Durch die Förderung offener Kommunikation, geteilter Entscheidungsfindung und die Verwendung von Patientenverfügungen können wir sicherstellen, dass die Gesundheitswünsche von Einzelpersonen respektiert werden, auch wenn sie nicht kommunizieren können oder eigenständig Entscheidungen treffen können. Es ist wichtig, dass Einzelpersonen sich an der Vorausplanung der Versorgung beteiligen, ihre Gesundheitspräferenzen mit Angehörigen besprechen und gültige Patientenverfügungen erstellen, um ihre zukünftige medizinische Versorgung zu steuern.

KAPITEL 7
Vorbeugende Maßnahmen zum Schutz unserer Angehörigen

In diesem Kapitel werden wir vorbeugende Maßnahmen erkunden, die ergriffen werden können, um unsere Angehörigen vor Altersmissbrauch zu schützen. Prävention ist der Schlüssel, um das Wohlbefinden, die Würde und die Sicherheit älterer Menschen zu gewährleisten. Durch das Verständnis und die Umsetzung dieser präventiven Maßnahmen können wir Umgebungen schaffen, die Respekt fördern, vor Missbrauch schützen und Einzelpersonen stärken. Dieses Kapitel wird verschiedene Strategien und Praktiken untersuchen, die effektiv zur Verhinderung von Altersmissbrauch eingesetzt werden können.

Bildung und Sensibilisierung

Bildung und Sensibilisierung spielen eine entscheidende Rolle bei der Verhinderung von Altersmissbrauch. Durch die Schaffung von Bewusstsein über die Anzeichen, Arten und Folgen von Altersmissbrauch können wir Einzelpersonen, Familien, Gemeinschaften und Fachleute mit dem Wissen ausstatten, das erforderlich ist, um potenziellen Missbrauch zu erkennen und darauf zu reagieren. Wichtige Aspekte von Bildung und Sensibilisierung umfassen

Öffentlichkeitskampagnen

Einleitung von Öffentlichkeitskampagnen, die die Prävalenz von Altersmissbrauch, dessen Auswirkungen auf Einzelpersonen und Gemeinschaften sowie die Bedeutung von Prävention und Intervention hervorheben. Diese Kampagnen können verschiedene Medien wie Fernsehen, Radio, soziale Medien und Gemeindeveranstaltungen nutzen, um eine breite Zielgruppe zu erreichen.

Berufliche Schulungen

Schulungen für Gesundheitsfachkräfte, Sozialarbeiter, Pflegepersonen und andere relevante Fachleute zur Erkennung und Reaktion auf Altersmissbrauch. Diese Schulungen sollten Themen wie die Identifizierung von Risikofaktoren, effektive Kommunikation, ethische Verantwortlichkeiten und Meldeverfahren abdecken.

Gemeinschaftsworkshops und -programme

Organisation von Workshops und Programmen in Gemeindeeinstellungen, um ältere Erwachsene, ihre Familien und Gemeindemitglieder über die Prävention von Altersmissbrauch aufzuklären. Diese Initiativen können darauf abzielen, ältere Erwachsene zu befähigen, sich selbst zu schützen, ihre Rechte zu verstehen und Gemeindeunterstützungsnetzwerke zu fördern.

Stärkung älterer Erwachsener

Die Stärkung älterer Erwachsener ist entscheidend, um Altersmissbrauch zu verhindern und ihr Wohlbefinden zu fördern. Durch die Steigerung ihres Wissens, ihres Selbstvertrauens und ihrer Autonomie können wir älteren Menschen helfen, sich selbst zu

schützen und informierte Entscheidungen zu treffen. Wichtige
Elementen zur Stärkung älterer Erwachsener umfassen

Bewusstsein für Rechte

Sicherstellen, dass ältere Erwachsene über ihre Rechte
informiert sind, einschließlich ihres Rechts auf Würde, Autonomie,
Sicherheit und Respekt. Die Aufklärung über rechtlichen Schutz,
verfügbare Unterstützungsdienste und Möglichkeiten zur Meldung
von Missbrauch befähigt sie, Maßnahmen zu ergreifen und
Unterstützung zu suchen, wenn nötig.

Finanzielle Bildung

Bereitstellung von Finanzbildung für ältere Erwachsene, um ihr
Verständnis für Finanzmanagement, Betrugsprävention und -
erkennung zu erhöhen. Dieses Wissen stattet sie mit den Fähigkeiten
aus, ihre finanziellen Vermögenswerte zu schützen und informierte
Entscheidungen in finanziellen Angelegenheiten zu treffen.

Technologie und digitale Bildung

Anbieten von Programmen zur Technologie- und digitalen
Bildung für ältere Erwachsene, um ihnen zu ermöglichen, Online-
Plattformen sicher zu nutzen, ihre persönlichen Informationen zu
schützen und Online-Betrügereien und Ausbeutung zu erkennen.
Dadurch werden sie befähigt, selbstbewusst mit Technologie
umzugehen und Risiken zu minimieren.

Unterstützungsnetzwerke und soziale Verbindungen

Der Aufbau starker Unterstützungsnetzwerke und die
Förderung sozialer Verbindungen für ältere Erwachsene können als
präventive Maßnahme gegen Altersmissbrauch dienen. Diese
Netzwerke bieten ein Gefühl der Zugehörigkeit, Unterstützung und

soziale Einbindung, reduzieren soziale Isolation und Vulnerabilität. Wichtige Aspekte von Unterstützungsnetzwerken und sozialer Verbindung umfassen

Gemeinschaftsprogramme

Die Einführung von gemeindebasierten Programmen, die soziale Interaktion ermöglichen, wie Seniorenzentren, Clubs und Interessengruppen. Diese Programme schaffen Möglichkeiten für ältere Erwachsene, sich mit Gleichaltrigen zu verbinden, Aktivitäten durchzuführen und unterstützende Beziehungen aufzubauen.

Freiwilligen- und intergenerationale Programme

Förderung von intergenerationale Programmen, die Verbindungen zwischen älteren Erwachsenen und jüngeren Generationen fördern. Diese Programme fördern gegenseitiges Verständnis, bekämpfen Altersdiskriminierung und reduzieren die Isolation älterer Erwachsener.

Unterstützung für Pflegepersonen

Bereitstellung von Unterstützungsdiensten für Pflegepersonen, da sie eine entscheidende Rolle im Wohlbefinden älterer Erwachsener spielen. Respite Care, Beratung und Bildungsprogramme können Pflegepersonen helfen, mit Stress umzugehen, Unterstützung zu suchen, wenn nötig, und qualitativ hochwertige Betreuung für ältere Erwachsene sicherzustellen.

Finanzieller Schutz

Finanzieller Missbrauch ist eine bedeutende Form von Altersmissbrauch, und präventive Maßnahmen sind wichtig, um das finanzielle Wohlergehen älterer Erwachsener zu schützen. Wichtige Elemente des finanziellen Schutzes umfassen

Finanzielle Vormundschaft

Ältere Erwachsene dazu ermutigen, eine vertrauenswürdige Person als Finanzvollmacht zu benennen oder eine finanzielle Vormundschaftsvereinbarung zu treffen. Dies hilft älteren Erwachsenen, sich vor finanzieller Ausbeutung zu schützen und sicherzustellen, dass ihre finanziellen Entscheidungen in ihrem besten Interesse getroffen werden.

Betrugsaufklärung

Sensibilisierung für gängige Betrugsversuche gegen ältere Erwachsene, wie betrügerische Anlagepläne, Lotteriebetrug und Identitätsdiebstahl. Informationen über Strategien zur Betrugsprävention bereitstellen und Skepsis gegenüber unaufgeforderten Angeboten fördern, um ältere Erwachsene vor finanziellen Betrügereien zu schützen.

Regelmäßige Finanzüberwachung

Ältere Erwachsene und ihre vertrauenswürdigen Familienmitglieder oder Pflegepersonen dazu ermutigen, regelmäßig Finanzkonten, -auszüge und -transaktionen zu überwachen. Eine rechtzeitige Erkennung ungewöhnlicher finanzieller Aktivitäten kann helfen, finanziellen Missbrauch zu verhindern oder dessen Auswirkungen zu minimieren.

Kooperative Bemühungen

Die Verhinderung von Altersmissbrauch erfordert kooperative Bemühungen verschiedener Akteure, darunter Regierungsbehörden, Gesundheitsfachkräfte, Gemeindeorganisationen und Strafverfolgungsbehörden. Wichtige Aspekte kooperativer Bemühungen umfassen

Multidisziplinäre Teams

Einrichtung von multidisziplinären Teams, die Fachleute aus verschiedenen Bereichen wie Sozialarbeit, Gesundheitswesen, Strafverfolgung und Rechtsdiensten umfassen. Diese Teams können bei komplexen Fällen zusammenarbeiten, Informationen austauschen, Interventionen koordinieren und umfassende Unterstützung für ältere Erwachsene bieten.

Informationsaustausch und Kommunikation

Förderung des Informationsaustauschs und der Kommunikation zwischen Fachleuten und Organisationen, die in der Prävention und Intervention von Altersmissbrauch involviert sind. Dies erleichtert eine koordinierte Reaktion, ermöglicht die frühzeitige Erkennung und gewährleistet eine effiziente Dienstleistungserbringung.

Politische und gesetzgeberische Initiativen

Eintreten für politische und gesetzgeberische Initiativen, die die Prävention von Altersmissbrauch priorisieren, den rechtlichen Schutz stärken und Ressourcen für Unterstützungsdienste bereitstellen. Diese Initiativen können die Finanzierung von Bildungs- und Schulungsprogrammen, die Verbesserung von Meldeverfahren und die Stärkung rechtlicher Rahmenbedingungen zur Bewältigung neuer Formen des Altersmissbrauchs umfassen.

Präventivmaßnahmen sind entscheidend, um unsere Angehörigen vor Altersmissbrauch zu schützen. Durch die Durchführung von Bildungs- und Sensibilisierungskampagnen, die Stärkung älterer Erwachsener, die Förderung von Unterstützungsnetzwerken, den Schutz der Finanzen und die Förderung der Zusammenarbeit können wir Umgebungen schaffen, die Missbrauch verhindern, Respekt fördern und älteren Erwachsenen ermöglichen, mit Würde und Sicherheit zu leben. Es ist unsere gemeinsame Verantwortung, die Prävention von Altersmissbrauch zu priorisieren und proaktive Maßnahmen zu ergreifen, um das Wohlbefinden und den Schutz älterer Erwachsener in unseren Gemeinschaften sicherzustellen.

Bildungs- und Sensibilisierungskampagnen

Bildungs- und Sensibilisierungskampagnen spielen eine entscheidende Rolle bei der Verhinderung von Altersmissbrauch, indem sie Einzelpersonen, Familien, Gemeinschaften und Fachleute mit dem Wissen und den Werkzeugen ausstatten, um Missbrauch zu erkennen, darauf zu reagieren und zu verhindern. Diese Kampagnen schaffen Bewusstsein für die Anzeichen, Arten und Folgen von Altersmissbrauch, fördern das Verständnis für die Bedeutung von Prävention und Intervention und befähigen Einzelpersonen, Maßnahmen zu ergreifen. In diesem Abschnitt werden wir die Bedeutung von Bildungs- und Sensibilisierungskampagnen bei der Verhinderung von Altersmissbrauch beleuchten und wichtige Elemente und Strategien für ihre erfolgreiche Umsetzung erkunden.

Bedeutung von Bildungs- und Sensibilisierungskampagnen zur Erkennung von Anzeichen für Altersmissbrauch

Bildungs- und Sensibilisierungskampagnen helfen Einzelpersonen, einschließlich älterer Erwachsener selbst, dabei, die Anzeichen und Symptome von Altersmissbrauch zu erkennen. Dies umfasst körperliche Indikatoren wie unerklärliche blaue Flecken oder Verletzungen, Verhaltensänderungen, soziale Isolation, finanzielle Ausbeutung oder Vernachlässigung. Ein gesteigertes Bewusstsein ermöglicht eine frühzeitige Erkennung und

Intervention, was möglicherweise weiteren Schaden verhindern kann.

Förderung von Verständnis und Wissen

Bildungs- und Sensibilisierungskampagnen bieten Informationen über die verschiedenen Arten von Altersmissbrauch, einschließlich physischem, emotionalem, sexuellem, finanziellem und Vernachlässigungsmissbrauch. Sie helfen Einzelpersonen dabei, die Dynamik des Missbrauchs zu verstehen, dessen Auswirkungen auf ältere Erwachsene sowie die verfügbaren Rechte und rechtlichen Schutzmaßnahmen. Dieses Wissen befähigt Einzelpersonen dazu, präventive Maßnahmen zu ergreifen und angemessene Unterstützung zu suchen.

Stärkung älterer Erwachsener

Speziell auf ältere Erwachsene ausgerichtete Bildungskampagnen befähigen sie dazu, missbräuchliche Situationen zu erkennen, ihre Rechte zu verstehen und Hilfe zu suchen, wenn nötig. Indem älteren Erwachsenen Informationen über verfügbare Unterstützungsdienste, Meldeverfahren und Hilfsmöglichkeiten vermittelt werden, sind sie besser in der Lage, sich vor Missbrauch und Ausbeutung zu schützen.

Förderung von Meldung und Intervention

Bildungs- und Sensibilisierungskampagnen entstigmatisieren das Thema Altersmissbrauch und betonen die Bedeutung der Meldung von Verdachtsfällen. Indem Einzelpersonen über die angemessenen Meldewege informiert werden und die potenziell positiven Ergebnisse einer Intervention hervorgehoben werden, ermutigen die Kampagnen dazu, Maßnahmen zu ergreifen und Hilfe für sich selbst oder andere, die Missbrauch erleben, zu suchen.

Herausforderung von Altersdiskriminierung

Bildungs- und Sensibilisierungskampagnen stellen sich gegen Altersdiskriminierung, indem sie Respekt, Würde und gleichberechtigte Behandlung für ältere Erwachsene fördern. Indem sie den Wert und die Beiträge älterer Erwachsener hervorheben, streben die Kampagnen an, gesellschaftliche Einstellungen zu verändern, Stereotypen zu reduzieren und eine Kultur zu schaffen, die die Rechte älterer Personen respektiert und wertschätzt.

Elemente wirksamer Bildungs- und Sensibilisierungskampagnen Klare Botschaften

Wirksame Kampagnen verfügen über klare und prägnante Botschaften, die von verschiedenen Zielgruppen leicht verstanden werden können. Kampagnenmaterialien wie Broschüren, Plakate und Videos sollten klare Sprache und visuelle Hinweise verwenden, um Schlüsselbotschaften zur Prävention und Intervention von Altersmissbrauch zu vermitteln. Zielgerichteter Ansatz

Die Anpassung von Kampagnen an spezifische Zielgruppen ist für maximale Wirkung unerlässlich. Dies kann die Entwicklung von Materialien für ältere Erwachsene, Betreuer, Gesundheitsfachleute, Gemeindemitglieder und Strafverfolgungsbehörden einschließen. Jede Gruppe benötigt möglicherweise unterschiedliche Informationen und Strategien, um ihre einzigartigen Rollen in der Prävention von Altersmissbrauch anzugehen.

Mehrkanalkommunikation

Die Nutzung mehrerer Kommunikationskanäle gewährleistet eine breitere Reichweite und eine erhöhte Beteiligung. Dies kann traditionelle Methoden wie Printmedien, Fernsehen und Radio sowie digitale Plattformen wie Websites, soziale Medien, Online-

Foren und E-Mail-Newsletter umfassen. Die Einbindung lokaler Gemeindeorganisationen, Seniorenzentren und Gesundheitseinrichtungen kann die Sichtbarkeit der Kampagne ebenfalls erhöhen.

Zusammenarbeit und Partnerschaften

Die Zusammenarbeit mit wichtigen Interessengruppen, darunter Regierungsbehörden, gemeinnützige Organisationen, Gesundheitsdienstleister, Strafverfolgungsbehörden und Gemeindegruppen, stärkt die Wirkung von Bildungs- und Sensibilisierungskampagnen. Die Zusammenarbeit mit diesen Einrichtungen ermöglicht die gemeinsame Nutzung von Ressourcen, den Zugang zu Fachwissen und erweiterte Netzwerke für die Verbreitung der Kampagne.

Kulturell und sprachlich angemessene Materialien

Angesichts der Vielfalt in den Gemeinden sollten Bildungs- und Sensibilisierungskampagnen Materialien entwickeln, die kultursensibel sind und für Menschen unterschiedlicher Herkunft zugänglich sind. Dies umfasst Übersetzungen, die Bereitstellung von Materialien in mehreren Sprachen und die Berücksichtigung kultureller Feinheiten in der Kommunikation, um Inklusivität und effektive Kommunikation zu gewährleisten.

Evaluation und Feedback

Regelmäßige Evaluation und Feedback sind entscheidend, um die Wirksamkeit von Bildungs- und Sensibilisierungskampagnen zu messen. Die Sammlung von Daten zur Reichweite der Kampagne, dem Feedback der Zielgruppe und Veränderungen im Wissen, in den Einstellungen und im Verhalten ermöglicht es den Organisatoren, notwendige Anpassungen vorzunehmen, zukünftige

Kampagnen zu verbessern und kontinuierliche Verbesserungen sicherzustellen.

Strategien für wirksame Bildungs- und Sensibilisierungskampagnen Gemeindeeinbindung

Die Einbindung lokaler Gemeinden und Interessengruppen ist für erfolgreiche Bildungs- und Sensibilisierungskampagnen unerlässlich. Dies kann die Organisation von Gemeindeveranstaltungen, Workshops oder Seminaren umfassen, um das Bewusstsein zu schärfen, Informationen auszutauschen und den Dialog zur Prävention von Altersmissbrauch anzuregen. Die Zusammenarbeit mit Gemeindeleitern und -organisationen fördert Eigentümerschaft und Unterstützung für Kampagneninitiativen.

Berufliche Schulungen und Weiterbildung

Das Angebot von beruflichen Schulungsprogrammen für Gesundheitsdienstleister, Sozialarbeiter, Betreuer und andere, die mit älteren Erwachsenen interagieren, gewährleistet ein gut informiertes Netzwerk von Fachleuten, die in der Lage sind, Altersmissbrauch zu erkennen und darauf zu reagieren. Weiterbildungsmöglichkeiten halten Fachleute auf dem neuesten Stand der besten Praktiken und aufkommender Trends in der Prävention von Altersmissbrauch.

Geschichtenerzählen und persönliche Erfahrungsberichte

Das Teilen von Geschichten aus dem wirklichen Leben und persönlichen Erfahrungsberichten von Personen, die Altersmissbrauch erlebt haben oder erfolgreich in missbräuchlichen Situationen interveniert haben, kann eine starke Wirkung haben. Diese Erzählungen machen das Thema nachvollziehbar und bieten eine menschliche Perspektive, die Empathie hervorruft und zum Handeln ermutigt.

Partnerschaften mit den Medien

Die Zusammenarbeit mit Medien, darunter Zeitungen, Fernsehsender und Radiosender, kann die Botschaften der Kampagne verstärken und das öffentliche Bewusstsein erhöhen. Die Einbindung von Journalisten und Medienschaffenden, um Geschichten zur Prävention, Intervention und Unterstützung bei Altersmissbrauch zu behandeln, trägt dazu bei, das öffentliche Bewusstsein und die Sichtbarkeit zu erhöhen.

Integration in Bildungspläne

Die Integration von Informationen zur Prävention und Intervention von Altersmissbrauch in Bildungsplänen auf verschiedenen Ebenen, einschließlich Schulen, Hochschulen und Berufsausbildungsprogrammen, stellt sicher, dass jüngere Generationen mit diesem wichtigen Thema vertraut sind. Bildung in diesen Kontexten fördert ein frühes Bewusstsein und legt den Grundstein für zukünftige Fürsprache und Aktion.

Bildungs- und Sensibilisierungskampagnen sind mächtige Werkzeuge zur Verhinderung von Altersmissbrauch. Durch das Schaffen von Bewusstsein, das Fördern von Verständnis und die Befähigung von Einzelpersonen tragen diese Kampagnen zu einer Gesellschaft bei, die die Rechte älterer Erwachsener respektiert und schützt. Durch klare Botschaften, zielgerichtete Ansätze, Zusammenarbeit und Gemeindebeteiligung können Bildungs- und Sensibilisierungskampagnen unterschiedliche Zielgruppen effektiv erreichen, Altersdiskriminierung herausfordern und die Meldung und Intervention fördern. Durch kontinuierliche Evaluation und

Verfeinerung dieser Kampagnen können wir Umgebungen fördern, die die Prävention von Altersmissbrauch priorisieren und das Wohlergehen, die Würde und die Sicherheit unserer Lieben gewährleisten.

Eine Kultur des Respekts und der Empathie schaffen

Eine Kultur des Respekts und der Empathie zu schaffen, ist entscheidend für die Förderung des Wohlbefindens, der Würde und der Sicherheit von Individuen in der Gesellschaft. Es geht darum, eine Umgebung zu fördern, in der jede Person geschätzt, gehört und mit Mitgefühl behandelt wird. In diesem Abschnitt werden wir die Bedeutung einer Kultur des Respekts und der Empathie erforschen, ihre Auswirkungen auf Individuen und Gemeinschaften und Strategien zur Entwicklung einer solchen Kultur.

Verständnis für eine Kultur des Respekts und der Empathie

Eine Kultur des Respekts und der Empathie geht über bloße Toleranz oder Höflichkeit hinaus. Sie umfasst ein zugrunde liegendes Fundament von Werten und Verhaltensweisen, die Verständnis, Mitgefühl und Inklusivität priorisieren. Sie erkennt den inhärenten Wert und die Würde jeder Person an, unabhängig von Alter, Hintergrund, Fähigkeiten oder Unterschieden. Schlüsselaspekte einer Kultur des Respekts und der Empathie sind:

Vorurteilsfreie Einstellungen

Eine Kultur des Respekts und der Empathie erfordert von Individuen, Urteile auszusetzen und anderen mit offenen Gedanken zu begegnen. Es geht darum, anzuerkennen, dass jeder seine eigenen einzigartigen Erfahrungen, Perspektiven und

Herausforderungen hat und dass diese Unterschiede anerkannt und respektiert werden sollten.

Aktives Zuhören

Aktives Zuhören ist eine wesentliche Komponente von Empathie und Respekt. Es bedeutet, volle Aufmerksamkeit zu schenken, echtes Interesse zu zeigen und zu versuchen, die Gedanken, Gefühle und Erfahrungen anderer zu verstehen, ohne Unterbrechung oder vorgefasste Vorstellungen. Aktives Zuhören fördert Verbindung und validiert die Erfahrungen der Einzelpersonen.

Empathie und Mitgefühl

Die Kultivierung von Empathie und Mitgefühl umfasst die Fähigkeit, die Emotionen und Erfahrungen anderer zu verstehen und zu teilen. Es erfordert, sich in die Schuhe einer anderen Person zu versetzen, ihre Gefühle anzuerkennen und mit Freundlichkeit und Unterstützung zu reagieren. Empathie trägt dazu bei, ein Gefühl der Zugehörigkeit zu schaffen und gegenseitigen Respekt zu fördern.

Inklusivität und Wertschätzung der Vielfalt

Eine Kultur des Respekts und der Empathie feiert Vielfalt und erkennt den Reichtum an, den verschiedene Perspektiven, Hintergründe und Erfahrungen in die Gesellschaft einbringen. Sie schließt aktiv Personen aus allen Lebensbereichen ein und schätzt sie wert, fördert Gleichheit, Fairness und Gerechtigkeit.

Auswirkungen einer Kultur des Respekts und der Empathie

Persönliches Wohlbefinden

Eine Kultur des Respekts und der Empathie wirkt sich positiv auf das persönliche Wohlbefinden von Individuen aus. Wenn Individuen mit Respekt und Empathie behandelt werden, fühlen sie sich geschätzt, gehört und verstanden. Dies fördert Selbstwertgefühl, emotionales Wohlbefinden und psychische Gesundheit und fördert ein Gefühl der Zugehörigkeit und Akzeptanz.

Verbesserte Beziehungen

Respekt und Empathie bilden die Grundlage für gesunde und positive Beziehungen. Wenn Individuen sich respektiert und verstanden fühlen, fördert dies Vertrauen, stärkt die Kommunikation und fördert tiefere Verbindungen zu anderen. Dies gilt für Beziehungen innerhalb von Familien, Gemeinschaften, Arbeitsplätzen und der breiteren Gesellschaft.

Verringerte Konflikte und Gewalt

Eine Kultur des Respekts und der Empathie trägt dazu bei, Konflikte zu mildern und Gewalttaten zu reduzieren. Wenn Individuen in respektvoller Kommunikation interagieren, darum bemüht sind, einander zu verstehen, und Empathie praktizieren, fördert dies Dialog, Zusammenarbeit und friedliche Lösung von Differenzen. Dies trägt zu einer sichereren und harmonischeren Gemeinschaft bei.

Soziale Kohäsion und Solidarität

Eine Kultur des Respekts und der Empathie fördert soziale Kohäsion und Solidarität in Gemeinschaften. Wenn Individuen einander respektieren und empathisieren, fördert dies ein Gefühl der kollektiven Verantwortung, ermutigt zur Zusammenarbeit und stärkt soziale Bindungen. Dies führt zu stärkeren Gemeinschaften, die gemeinsam für das Wohl aller Mitglieder arbeiten.

Prävention von Missbrauch und Diskriminierung

Eine Kultur des Respekts und der Empathie dient als präventive Maßnahme gegen Missbrauch und Diskriminierung. Wenn Individuen respektvoll und empathisch handeln, neigen sie weniger dazu, sich in missbräuchlichem Verhalten zu engagieren oder diskriminierende Einstellungen aufrechtzuerhalten. Dies schafft eine sicherere Umgebung für schutzbedürftige Individuen, einschließlich älterer Erwachsener, indem ein Gefühl von Sicherheit, Vertrauen und Schutz gefördert wird.

Strategien zur Förderung einer Kultur des Respekts und der Empathie Bildung und Aufklärung

Bildung spielt eine entscheidende Rolle bei der Förderung einer Kultur des Respekts und der Empathie. Die Förderung von Bildungsprogrammen, die Werte wie Respekt, Empathie und Inklusivität in Schulen, Arbeitsplätzen und Gemeinschaftsumgebungen betonen, hilft dabei, diese Prinzipien von klein auf zu vermitteln. Es fördert ein Verständnis für die Bedeutung dieser Werte und rüstet Individuen mit den erforderlichen Fähigkeiten aus, um sie zu praktizieren.

Vorbildfunktion

Führungspersonen, Eltern, Pädagogen und einflussreiche Persönlichkeiten in der Gesellschaft haben eine bedeutende Rolle bei der Gestaltung einer Kultur des Respekts und der Empathie. Indem sie respektvolles und empathisches Verhalten in ihren Interaktionen vorleben, setzen sie ein Beispiel für andere. Positive Vorbilder können Individuen inspirieren, diese Qualitäten in ihrem eigenen Leben und in ihren Beziehungen zu pflegen.

Förderung von aktivem Zuhören

Die Förderung von Fähigkeiten des aktiven Zuhörens hilft Individuen dabei, Empathie und Respekt für andere zu entwickeln. Die Bereitstellung von Schulungen, Workshops oder Ressourcen, die sich auf Techniken des aktiven Zuhörens konzentrieren, hilft Individuen dabei, bessere Zuhörer zu werden, fördert Verständnis, Verbindung und gegenseitigen Respekt.

Förderung von Dialog und Zusammenarbeit

Die Schaffung von Räumen für offenen Dialog und Zusammenarbeit ermöglicht es Individuen, sich in bedeutsame Gespräche einzubringen, Ideen auszutauschen und Vorurteile und Stereotypen herauszufordern. Diese Gelegenheiten für Dialog fördern Empathie, erweitern Perspektiven und fördern eine Kultur des Respekts und des Verständnisses.

Schaffung unterstützender Richtlinien und Praktiken

Die Festlegung von Richtlinien und Praktiken, die Respekt, Empathie und Inklusivität priorisieren, schafft eine unterstützende Umgebung in verschiedenen Bereichen wie Arbeitsplätzen, Schulen, Gesundheitseinrichtungen und Gemeinschaftsorganisationen. Diese Richtlinien können Initiativen zur Vielfalt und Inklusion, Maßnahmen gegen Diskriminierung und Konfliktlösungsprozesse umfassen, die eine respektvolle Kommunikation und gerechte Behandlung fördern.

Gemeinschaftsengagement und Partnerschaften

Die Einbindung der Gemeinschaft und die Bildung von Partnerschaften mit lokalen Organisationen, gemeinnützigen Einrichtungen und Gemeinschaftsführern stärkt die gemeinschaftliche Bemühung zur Förderung einer Kultur des Respekts und der Empathie. Gemeinsame Initiativen, Veranstaltungen und Aufklärungskampagnen können organisiert werden, um Verständnis, Empathie und Respekt für alle Mitglieder der Gemeinschaft zu fördern.

Die Schaffung einer Kultur des Respekts und der Empathie ist für das Wohlbefinden und die Harmonie von Individuen und Gemeinschaften unerlässlich. Sie erfordert ein Engagement für die Praxis von Empathie, die Förderung inklusiver Einstellungen und die Wertschätzung des inhärenten Werts jeder einzelnen Person. Durch die Förderung von Bildung, aktivem Zuhören, Dialog und unterstützenden Richtlinien können wir eine Kultur fördern, die Vielfalt respektiert und wertschätzt, Verständnis fördert und Empathie entwickelt. Durch diese Bemühungen können wir eine Gesellschaft schaffen, in der jede Einzelperson gehört, verstanden und mit Würde und Mitgefühl behandelt wird.

Aufbau starker Unterstützungsnetzwerke für Senioren

Der Aufbau starker Unterstützungsnetzwerke für Senioren ist entscheidend, um ihr allgemeines Wohlbefinden zu fördern, soziale Isolation zu reduzieren und ihre Lebensqualität zu verbessern. Diese Netzwerke bieten emotionale Unterstützung, soziale Verbindungen und praktische Hilfe und gewährleisten, dass sich Senioren in ihren Gemeinschaften wertgeschätzt, verbunden und unterstützt fühlen. In diesem Abschnitt werden wir die Bedeutung starker Unterstützungsnetzwerke für Senioren erkunden, die Vorteile, die sie bieten, und Strategien für den Aufbau und die Aufrechterhaltung dieser Netzwerke.

Bedeutung von Unterstützungsnetzwerken für Senioren
Emotionale Unterstützung

Unterstützungsnetzwerke bieten emotionale Unterstützung für Senioren und vermitteln ein Gefühl der Zugehörigkeit, Gesellschaft und Verständnis. Diese Unterstützung hilft, Gefühle von Einsamkeit, Depressionen und Angstzuständen zu bekämpfen, die oft mit sozialer Isolation bei älteren Erwachsenen einhergehen. Individuen, die zuhören, mitfühlen und ermutigen, können das geistige und emotionale Wohlbefinden von Senioren erheblich verbessern.

Soziale Einbindung

Starke Unterstützungsnetzwerke ermöglichen soziale Einbindung und ermöglichen Senioren die Teilnahme an sozialen Aktivitäten, die Aufrechterhaltung von Freundschaften und die Verbindung zu anderen, die ihre Interessen und Erfahrungen teilen. Soziale Interaktion ist entscheidend, um soziale Isolation zu bekämpfen und kognitive Funktionen aufrechtzuerhalten, da sie Gespräche, geistige Aktivität und ein Gefühl von Zweckmäßigkeit fördert.

Praktische Hilfe

Unterstützungsnetzwerke können Senioren auch praktische Unterstützung bei der Bewältigung täglicher Aktivitäten wie Lebensmitteleinkauf, Transport oder Haushaltsarbeiten bieten. Diese Unterstützung fördert die Unabhängigkeit, reduziert das Risiko von Stürzen oder Unfällen und stellt sicher, dass Senioren mit der notwendigen Unterstützung am gewohnten Ort altern können.

Informationen und Ressourcen

Unterstützungsnetzwerke bieten Zugang zu wertvollen Informationen und Ressourcen, die Senioren dabei helfen können, Gesundheitsdienste, finanzielle Angelegenheiten, rechtliche Anliegen und andere Aspekte ihres Lebens zu bewältigen. Diese Netzwerke können Senioren mit Organisationen, Agenturen und Fachleuten verbinden, die sich auf die einzigartigen Bedürfnisse älterer Erwachsener spezialisiert haben.

Fürsprache und Ermächtigung

Starke Unterstützungsnetzwerke stärken Senioren, indem sie sich für ihre Rechte, Bedürfnisse und Interessen einsetzen. Diese Netzwerke können auf Probleme aufmerksam machen, die Senioren betreffen, Altersdiskriminierung in Frage stellen und sich aktiv an Bemühungen zur Verbesserung von Richtlinien und Dienstleistungen beteiligen, die die alternde Bevölkerung beeinflussen. Senioren, die Teil unterstützender Netzwerke sind, fühlen sich oft ermächtigt, geschätzt und einflussreich dabei, ihr eigenes Leben und ihre Gemeinschaften zu gestalten.

Strategien für den Aufbau starker Unterstützungsnetzwerke für Senioren Gemeinschaftsengagement

Es ist wichtig, Senioren zu ermutigen, sich in ihren lokalen Gemeinschaften einzubringen, um Unterstützungsnetzwerke aufzubauen. Gemeindezentren, Seniorenzentren und Organisationen, die sich auf Dienstleistungen für ältere Erwachsene spezialisiert haben, bieten verschiedene Programme, Aktivitäten und soziale Zusammenkünfte, die Verbindungen unter Senioren fördern. Diese Plattformen bieten Gelegenheiten für Senioren, sich mit anderen zu treffen und zu interagieren, die ihre Interessen teilen.

Generationenübergreifende Programme

Generationenübergreifende Programme bringen Individuen unterschiedlichen Alters zusammen und ermöglichen Senioren den Aufbau von Beziehungen zu jüngeren Generationen. Diese Programme können Mentoring, ehrenamtliche Tätigkeiten oder gemeinsame Aktivitäten umfassen, die gegenseitiges Lernen, Verständnis und Gesellschaftlichkeit fördern. Generationenübergreifende Verbindungen helfen dabei, Altersdiskriminierung entgegenzuwirken, Isolation zu reduzieren und bedeutsame soziale Interaktionen für Senioren bereitzustellen.

Selbsthilfegruppen

Die Einrichtung von Selbsthilfegruppen, die speziell für Senioren konzipiert sind, ermöglicht es Individuen, sich mit anderen in Verbindung zu setzen, die ähnliche Erfahrungen oder Herausforderungen teilen. Diese Gruppen können sich auf bestimmte Themen wie Gesundheitszustände, Pflege, Trauer oder Hobbys konzentrieren. Selbsthilfegruppen bieten einen sicheren Raum für Senioren, um sich auszutauschen, voneinander zu lernen und gegenseitige Unterstützung zu bieten.

Möglichkeiten für ehrenamtliche Tätigkeiten

Senioren dazu zu ermutigen, sich an ehrenamtlichen Aktivitäten zu beteiligen, bringt nicht nur der Gemeinschaft Nutzen, sondern hilft ihnen auch, soziale Verbindungen und einen Sinn im Leben aufzubauen. Ehrenamtliche Organisationen bieten oft eine Vielzahl von Möglichkeiten, die auf die Fähigkeiten und Interessen von Senioren zugeschnitten sind. Dadurch können sie ihre

Fähigkeiten, ihr Wissen und ihre Zeit für bedeutsame Zwecke einsetzen.

Technologie und digitale Vernetzung

Die Nutzung von Technologie und digitaler Vernetzung kann den Zugang von Senioren zu Unterstützungsnetzwerken verbessern. Schulungsprogramme und Workshops können älteren Erwachsenen helfen, digitale Kompetenzen zu entwickeln, sodass sie sich über soziale Medien, Online-Foren und Videoanrufe mit anderen verbinden können. Virtuelle Unterstützungsgruppen und Online-Communitys können wertvolle Verbindungen bieten, insbesondere für Senioren mit eingeschränkter Mobilität oder geografischen Einschränkungen.

Familie und Freunde

Der Aufbau und die Aufrechterhaltung starker Beziehungen zu Familienmitgliedern und Freunden sind entscheidend für das Unterstützungsnetzwerk von Senioren. Die regelmäßige Kommunikation fördern, Familientreffen organisieren und intergenerationelle Verbindungen fördern, stärkt Bindungen und bietet Senioren ein verlässliches Unterstützungssystem.

Aufrechterhaltung starker Unterstützungsnetzwerke für Senioren Regelmäßige Kommunikation

Kontinuierliche Kommunikation innerhalb von Unterstützungsnetzwerken ist entscheidend, um starke Verbindungen aufrechtzuerhalten. Die Ermutigung zu Telefonaten, Besuchen oder Videochats mit Netzwerkmitgliedern hilft Senioren dabei, engagiert, informiert und emotional verbunden zu bleiben.

Fortbildungsangebote

Die Förderung von Möglichkeiten für Senioren zur lebenslangen Weiterbildung, wie zum Beispiel Kurse, Workshops oder Diskussionsgruppen, stellt sicher, dass sie intellektuell wachsen und mit ihren Gemeinschaften verbunden bleiben. Lebenslanges Lernen fördert Engagement und hilft Senioren, eine aktive Rolle in ihren Unterstützungsnetzwerken beizubehalten.

Regelmäßige soziale Aktivitäten

Die Organisation regelmäßiger sozialer Aktivitäten, Ausflüge oder Veranstaltungen innerhalb von Unterstützungsnetzwerken hält Senioren verbunden und engagiert. Diese Aktivitäten können Spieleabende, Buchclubs, Übungsstunden oder Ausflüge zu kulturellen oder Freizeitstätten umfassen. Regelmäßige Treffen bieten Gelegenheiten für soziale Interaktion und fördern ein Gefühl von Kameradschaft.

Barrierefreiheit und Inklusivität

Es ist wichtig sicherzustellen, dass Unterstützungsnetzwerke für alle Senioren zugänglich und inklusiv sind, unabhängig von ihren Fähigkeiten, Mobilität oder kulturellen Hintergründen. Es sollte darauf geachtet werden, dass Veranstaltungsorte physisch zugänglich sind, Transportmöglichkeiten angeboten werden, mehrsprachige Ressourcen zur Verfügung stehen und kulturelle Vielfalt in den Netzwerken begrüßt wird.

Schulung und Bildung

Die Bereitstellung von Schulungs- und Bildungsmöglichkeiten für Netzwerkmitglieder, einschließlich Familienmitglieder, Freunde und Fachleute, stellt sicher, dass sie das notwendige Wissen und die Fähigkeiten haben, Senioren effektiv zu unterstützen. Schulungen können sich auf Themen wie Kommunikationstechniken, das Verständnis von altersbedingten Problemen und die Ansprache der spezifischen Bedürfnisse von Senioren konzentrieren.

Der Aufbau starker Unterstützungsnetzwerke für Senioren ist entscheidend für ihr allgemeines Wohlbefinden, ihre soziale Einbindung und Lebensqualität. Diese Netzwerke bieten emotionale Unterstützung, soziale Verbindungen, praktische Hilfe und Fürsprache und fördern das Gefühl der Zugehörigkeit von Senioren. Sie ermächtigen sie, mit Würde und Unabhängigkeit zu altern. Durch die Umsetzung von Strategien wie Gemeinschaftsengagement, generationenübergreifenden Programmen, Selbsthilfegruppen und der Nutzung von Technologie können wir robuste Unterstützungsnetzwerke schaffen, die soziale Isolation bekämpfen, die Lebensqualität von Senioren verbessern und sicherstellen, dass sie in ihren Gemeinschaften verbunden, wertgeschätzt und unterstützt bleiben.

KAPITEL 8

Befähigung von Pflegepersonen: Schulung und Unterstützung für qualitativ hochwertige Betreuung

In diesem Kapitel werden wir die Bedeutung der Befähigung von Pflegepersonen durch Schulung und Unterstützung zur Sicherstellung einer qualitativ hochwertigen Betreuung erkunden. Pflegepersonen spielen eine entscheidende Rolle bei der Unterstützung des Wohlbefindens und der täglichen Bedürfnisse von Menschen, die aufgrund von Alter, Krankheit oder Behinderung Hilfe benötigen. Indem wir Pflegepersonen mit dem notwendigen Wissen, den Fähigkeiten und den Ressourcen ausstatten, können wir ihre Fähigkeit zur Bereitstellung von mitfühlender und effektiver Betreuung verbessern. Dieses Kapitel wird sich mit der Bedeutung der Befähigung von Pflegepersonen, den Vorteilen für Pflegepersonen und Betreute sowie Strategien zur Schulung und Unterstützung von Pflegepersonen befassen.

Die Bedeutung der Befähigung von Pflegepersonen
Verbesserte Betreuungsqualität

Die Befähigung von Pflegepersonen durch Schulung und Unterstützung führt zu einer verbesserten Betreuungsqualität für Menschen, die Unterstützung erhalten. Pflegepersonen, die mit den notwendigen Fähigkeiten und Kenntnissen ausgestattet sind, können eine personalisierte, sichere und effektive Betreuung bieten.

Dies umfasst das Verstehen und Ansprechen der physischen, emotionalen und sozialen Bedürfnisse der Betreuten, die Umsetzung angemessener Betreuungstechniken und die Förderung des allgemeinen Wohlbefindens.

Steigerung des Selbstvertrauens und der Arbeitszufriedenheit

Pflegepersonen, die umfassende Schulungen und fortlaufende Unterstützung erhalten, erleben eine gesteigerte Zuversicht in ihre Fähigkeiten. Dieses Selbstvertrauen führt zu Arbeitszufriedenheit, da Pflegepersonen sich kompetenter, geschätzter und erfüllt in ihren Rollen fühlen. Befähigte Pflegepersonen sind eher dazu bereit, mitfühlende Betreuung zu bieten, was sich positiv auf das emotionale Wohlbefinden sowohl von Pflegepersonen als auch von Betreuten auswirkt.

Verminderung des Pflegepersonen-Burnouts

Die Pflege kann physisch und emotional anspruchsvoll sein und zu Pflegepersonen-Burnout und erhöhtem Stress führen. Die Befähigung von Pflegepersonen durch Schulung und Unterstützung stattet sie mit Bewältigungsmechanismen, Selbstfürsorge-Strategien und Ressourcen aus, um ihr eigenes Wohlbefinden zu managen. Dies wiederum reduziert Burnout, stärkt die Widerstandsfähigkeit und sichert die Nachhaltigkeit der Pflegebeziehungen.

Verbesserte Kommunikation und Zusammenarbeit

Befähigte Pflegepersonen sind besser in der Lage, effektiv mit Betreuten, ihren Familien und medizinischem Fachpersonal zu kommunizieren. Dies beinhaltet aufmerksames Zuhören, Eintreten für die Bedürfnisse der Betreuten und aktive Teilnahme an Pflegeplanung und Entscheidungsprozessen. Verbesserte

Kommunikation und Zusammenarbeit führen zu besser abgestimmter und personenzentrierter Betreuung.

Strategien für die Schulung und Unterstützung von Pflegepersonen Umfassende Anfangsschulung

Die Bereitstellung von umfassender Anfangsschulung für Pflegepersonen ist wichtig, um sie mit grundlegendem Wissen und Fähigkeiten auszustatten. Schulungsprogramme können verschiedene Aspekte der Pflege umfassen, einschließlich richtiger Techniken für die persönliche Betreuung, Medikamentenmanagement, Sicherheitsprotokolle und das Verständnis bestimmter Zustände oder Behinderungen. Diese Programme sollten auch die psychologischen und emotionalen Aspekte der Pflege berücksichtigen, wie Empathie, aktives Zuhören und den Umgang mit Stress als Pflegeperson.

Fortlaufende Bildung und Fähigkeitsentwicklung

Pflegepersonen sollten Zugang zu fortlaufenden Bildungs- und Fähigkeitsentwicklungsmöglichkeiten haben, um ihr Wissen und ihre Expertise zu erweitern. Dies kann Workshops, Webinare, Online-Kurse oder In-Service-Trainingssitzungen umfassen, die sich auf aufkommende Best Practices, neue Forschung und Fortschritte in den Betreuungstechniken konzentrieren. Kontinuierliches Lernen stellt sicher, dass Pflegepersonen auf dem neuesten Stand bleiben und die bestmögliche Betreuung bieten können.

Emotionale und psychologische Unterstützung

Pflegepersonen stehen oft vor emotionalen Herausforderungen, Stress und Trauer im Zusammenhang mit ihren Rollen. Der Zugang zu Beratungsdiensten, Unterstützungsgruppen oder psychischen Ressourcen kann Pflegepersonen dabei helfen, diese

Herausforderungen zu bewältigen und mit den emotionalen Anforderungen der Pflege umzugehen. Emotionale Unterstützung fördert das Wohlbefinden und die Widerstandsfähigkeit von Pflegepersonen und ermöglicht ihnen eine bessere Betreuung.

Peer-Support-Netzwerke

Die Einrichtung von Peer-Support-Netzwerken ermöglicht es Pflegepersonen, sich mit anderen auszutauschen, die ähnliche Erfahrungen teilen. Peer-Support-Netzwerke bieten eine Plattform für Pflegepersonen, um Einblicke zu teilen, Rat zu suchen und emotionale Unterstützung zu finden. Diese Netzwerke können durch Unterstützungsgruppen, Online-Foren oder gemeindebasierte Pflegeorganisationen erleichtert werden.

Entlastungspflege

Entlastungspflege bietet Pflegepersonen vorübergehende Erleichterung, indem ihnen eine Auszeit von ihren Pflegeverantwortlichkeiten ermöglicht wird. Dies kann in Form von häuslicher Entlastungspflege, Tagesprogrammen für Erwachsene oder kurzfristiger stationärer Entlastungspflege erfolgen. Entlastungspflege ermöglicht es Pflegepersonen, sich auszuruhen, aufzutanken und sich um ihre eigenen Bedürfnisse zu kümmern, was das Burnout-Risiko reduziert und die Nachhaltigkeit von Pflegebeziehungen sicherstellt.

Zugang zu Ressourcen und Informationen

Pflegepersonen sollten Zugang zu Ressourcen, Informationen und Vermittlungsdiensten haben, die sie auf ihrer Pflegereise unterstützen können. Dies kann den Zugang zu relevanten Websites, Telefonhotlines, Bildungsmaterialien und Gemeinderessourcen umfassen, die Anleitung beim Navigieren des

Pflegeprozesses, den Zugang zu Unterstützungsdiensten und das Verständnis von verfügbaren Leistungen und Ansprüchen bieten.

Anerkennung und Wertschätzung

Die Anerkennung und Wertschätzung der Beiträge von Pflegepersonen ist für ihre Befähigung und Moral von entscheidender Bedeutung. Dies kann das Anerkennen ihrer Bemühungen durch formelle Wertschätzungsveranstaltungen, Zertifikate oder öffentliche Anerkennung beinhalten. Das Schaffen einer Kultur innerhalb von Organisationen und Gemeinschaften, die Pflegepersonen wertschätzt und schätzt, fördert ihr Wohlbefinden und ermutigt sie, weiterhin qualitativ hochwertige Betreuung zu leisten.

Die Befähigung von Pflegepersonen durch Schulung und Unterstützung ist für die Bereitstellung qualitativ hochwertiger Betreuung von Menschen in Notwendigkeit von wesentlicher Bedeutung. Durch die Ausstattung von Pflegepersonen mit dem notwendigen Wissen, den Fähigkeiten und den Ressourcen können wir ihre Fähigkeit zur Bereitstellung mitfühlender und effektiver Betreuung verbessern. Umfassende Schulung, fortlaufende Bildung, emotionale Unterstützung und der Zugang zu Ressourcen sind allesamt wesentliche Elemente der Befähigung von Pflegepersonen.

Durch die Investition in Schulung und Unterstützung von Pflegepersonen verbessern wir nicht nur das Wohlbefinden und die Arbeitszufriedenheit von Pflegepersonen, sondern auch die allgemeine Betreuungsqualität für Betreute. Pflegepersonen sind wichtige Partner im Gesundheitssystem, und es ist unsere gemeinsame Verantwortung, sie dazu zu befähigen, die bestmögliche Betreuung für diejenigen zu bieten, die auf ihre Unterstützung angewiesen sind.

Burnout und Stressmanagement für Pflegepersonen

Burnout und Stressmanagement für Pflegepersonen sind wesentliche Aspekte zur Unterstützung des Wohlbefindens von Personen, die für Menschen in Notwendigkeit Sorge tragen. Die Pflege kann physisch und emotional anspruchsvoll sein und führt oft zu chronischem Stress, Erschöpfung und Gefühlen der Überforderung. Es ist entscheidend, Burnout bei Pflegepersonen anzugehen und effektive Stressbewältigungsstrategien bereitzustellen, um die Nachhaltigkeit der Pflegebeziehungen zu gewährleisten und das allgemeine Wohlbefinden von Pflegepersonen aufrechtzuerhalten. In diesem Abschnitt werden wir uns mit Pflegepersonen-Burnout, dessen Ursachen und Folgen sowie Strategien zur Stressbewältigung und Burnout-Prävention befassen.

Verständnis für Pflegepersonen-Burnout Ursachen von Pflegepersonen-Burnout

Pflegepersonen-Burnout kann aus verschiedenen Gründen entstehen, darunter die physischen Anforderungen der Pflege, emotionale Belastung, mangelnde Unterstützung, finanzielle Herausforderungen und die allgemeine Auswirkung der Übernahme der Verantwortung für das Wohlbefinden einer Person. Pflegepersonen können Burnout erleben, wenn sie kontinuierlich die Bedürfnisse anderer priorisieren, während sie ihr eigenes Wohlbefinden vernachlässigen.

Anzeichen und Symptome von Pflegepersonen-Burnout

Pflegepersonen-Burnout äußert sich auf verschiedene Arten, und das Erkennen seiner Anzeichen und Symptome ist für eine frühzeitige Intervention entscheidend. Zu den häufigen Anzeichen gehören chronische Müdigkeit, Schlafstörungen, Gefühle von

Überforderung oder Hilflosigkeit, erhöhte Reizbarkeit oder Stimmungsschwankungen, Rückzug von sozialen Aktivitäten, Vernachlässigung der persönlichen Selbstfürsorge und körperliche Gesundheitsprobleme. Diese Symptome können das allgemeine Wohlbefinden und die Lebensqualität der Pflegeperson erheblich beeinträchtigen.

Folgen von Pflegepersonen-Burnout

Pflegepersonen-Burnout kann sowohl für die Pflegeperson als auch für die Betreuten schädliche Auswirkungen haben. Es kann das Risiko von Depressionen, Angstzuständen und anderen psychischen Gesundheitsproblemen für Pflegepersonen erhöhen. Darüber hinaus kann Burnout die Qualität der erbrachten Betreuung beeinträchtigen, da erschöpfte und überforderte Pflegepersonen möglicherweise Schwierigkeiten haben, die Bedürfnisse der Betreuten effektiv zu erfüllen.

Strategien zur Bewältigung von Stress bei Pflegepersonen und zur Burnout-Prävention Selbstfürsorgepraktiken

Es ist wichtig, Pflegepersonen zu ermutigen, Selbstfürsorge zu priorisieren, um Stress zu bewältigen und Burnout vorzubeugen. Dazu gehört die Teilnahme an Aktivitäten, die Entspannung fördern, wie Sport, Meditation, Hobbys oder Zeit in der Natur. Ausreichender Schlaf, eine angemessene Ernährung und ein gesunder Lebensstil sind ebenfalls wichtige Komponenten der Selbstfürsorge.

Emotionale Unterstützung suchen

Pflegepersonen sollten ermutigt werden, emotionale Unterstützung zu suchen, um mit den Herausforderungen umzugehen, denen sie gegenüberstehen. Dies kann die Verbindung zu Freunden und Familienmitgliedern, der Beitritt zu Pflegepersonen-Unterstützungsgruppen oder die Inanspruchnahme professioneller Beratung beinhalten. Das Teilen von Erfahrungen, Anliegen und Emotionen mit anderen, die verstehen, kann Validierung, Empathie und ein Gemeinschaftsgefühl bieten.

Entlastungspflege

Entlastungspflege ermöglicht es Pflegepersonen, sich vorübergehend von ihren Pflegeverantwortlichkeiten zu erholen. Dies kann die Organisation einer qualifizierten Pflegekraft beinhalten oder die Nutzung von Entlastungspflegediensten wie Tagesprogrammen für Erwachsene oder kurzfristiger stationärer Pflege. Die Entlastungspflege ermöglicht es Pflegepersonen, sich zu erholen, sich um ihre eigenen Bedürfnisse zu kümmern und Burnout vorzubeugen.

Zeitmanagement und Priorisierung

Effektives Zeitmanagement und Priorisierung können Pflegepersonen dabei helfen, Balance zu halten und Überforderung zu vermeiden. Pflegepersonen sollten ermutigt werden, realistische Erwartungen zu setzen, Aufgaben bei Bedarf zu delegieren und Grenzen festzulegen, um sicherzustellen, dass sie Zeit für ihre eigenen Bedürfnisse und Interessen haben.

Zugang zu Unterstützungsdiensten

Pflegepersonen sollten sich der in ihrer Gemeinde verfügbaren Unterstützungsdienste bewusst sein und mit ihnen vernetzt sein. Dazu können Pflegedienste zu Hause, Essenslieferprogramme, Transportunterstützung und Unterstützung von örtlichen Pflegeorganisationen gehören. Die Nutzung dieser Dienste kann einige der Pflegeverantwortlichkeiten erleichtern und wertvolle Unterstützung bieten.

Entwicklung von Bewältigungsstrategien

Pflegepersonen können von der Entwicklung von Bewältigungsstrategien profitieren, um Stress zu bewältigen und ihr Wohlbefinden aufrechtzuerhalten. Dies kann Atemübungen, Tagebuchschreiben, Achtsamkeitsübungen, kreative Ausdrucksformen oder die Teilnahme an Stressreduktionsprogrammen umfassen. Bewältigungsstrategien befähigen Pflegepersonen, Herausforderungen wirksam zu bewältigen und Widerstandsfähigkeit aufzubauen.

Effektive Kommunikation und Festlegung von Grenzen

Klare und offene Kommunikation ist in Pflegebeziehungen entscheidend. Pflegepersonen sollten sich wohl fühlen, ihre Bedürfnisse, Anliegen und Grenzen gegenüber dem Betreuten und anderen in die Betreuung involvierten Familienmitgliedern auszudrücken. Das Festlegen von Grenzen, sowohl gegenüber dem Betreuten als auch gegenüber anderen Verantwortlichkeiten, trägt dazu bei, ein gesundes Gleichgewicht aufrechtzuerhalten und Burnout bei Pflegepersonen zu verhindern.

Professionelle Unterstützung in Anspruch nehmen

Pflegepersonen sollten nicht zögern, professionelle Unterstützung in Anspruch zu nehmen, wenn sie benötigt wird. Dies kann die Konsultation von Gesundheitsfachleuten, Sozialarbeitern oder Pflegemanagern umfassen, die Anleitung, Ressourcen und spezialisierte Unterstützung für Pflegepersonen und Betreute bieten können.

Die Bewältigung von Pflegepersonen-Burnout und die Bereitstellung wirksamer Stressbewältigungsstrategien sind entscheidend für die Unterstützung des Wohlbefindens von Pflegepersonen. Die Pflege kann physisch und emotional herausfordernd sein, und Pflegepersonen vernachlässigen oft ihre eigenen Bedürfnisse, während sie die Betreuung anderer priorisieren. Durch die Umsetzung von Selbstfürsorgepraktiken, die Suche nach emotionaler Unterstützung, die Nutzung von Entlastungspflege, das effektive Zeitmanagement, den Zugang zu Unterstützungsdiensten, die Entwicklung von Bewältigungsstrategien und das Setzen von Grenzen können Pflegepersonen Stress besser bewältigen und Burnout vorbeugen. Pflegepersonen spielen eine wichtige Rolle bei der Unterstützung des Wohlbefindens von Menschen in Notwendigkeit, und es ist entscheidend, ihr eigenes Wohlbefinden und ihre Nachhaltigkeit in ihren Pflegeaufgaben sicherzustellen. Indem wir Pflegepersonen die notwendige Unterstützung und Ressourcen bieten, können wir sie dazu befähigen, weiterhin mitfühlende und effektive Betreuung zu bieten und dabei ihre eigene Gesundheit und ihr Wohlbefinden zu wahren.

Schulungsprogramme für professionelle und familiäre Pflegepersonen

Schulungsprogramme für professionelle und familiäre Pflegepersonen sind von entscheidender Bedeutung, um Einzelpersonen mit dem notwendigen Wissen, den Fähigkeiten und den Ressourcen auszustatten, um eine effektive und mitfühlende Betreuung zu gewährleisten. Diese Programme sind darauf ausgerichtet, die einzigartigen Herausforderungen und Anforderungen der Pflege anzugehen, die Qualität der erbrachten

Betreuung zu verbessern und das Wohlbefinden sowohl von Pflegepersonen als auch von Betreuten zu fördern. In diesem Abschnitt werden wir die Bedeutung von Schulungsprogrammen für professionelle und familiäre Pflegepersonen erläutern, die Vorteile, die sie bieten, und wesentliche Komponenten, die bei ihrer Entwicklung und Umsetzung zu berücksichtigen sind.

Bedeutung von Schulungsprogrammen für professionelle und familiäre Pflegepersonen Verbesserte Betreuungsqualität

Schulungsprogramme statten Pflegepersonen mit dem notwendigen Wissen und den Fähigkeiten aus, um hochwertige Betreuung zu leisten. Sie stellen sicher, dass Pflegepersonen ein solides Verständnis für bewährte Praktiken in Bereichen wie persönlicher Pflege, Medikamentenverwaltung, Sicherheitsprotokollen und krankheitsspezifischer Betreuung haben. Durch die Verbesserung der Betreuungsqualität tragen Schulungsprogramme zu besseren Gesundheitsergebnissen und insgesamt zum Wohlbefinden der Betreuten bei.

Erhöhtes Selbstvertrauen und Kompetenz

Schulungsprogramme steigern das Selbstvertrauen und die Kompetenz von Pflegepersonen in ihren Aufgaben. Indem sie ihnen eine solide Wissens- und Fertigkeitsgrundlage bieten, fühlen sich Pflegepersonen fähiger und ermächtigt, die Herausforderungen, die die Pflege mit sich bringt, zu bewältigen. Dieses gesteigerte Selbstvertrauen wirkt sich positiv auf ihre Fähigkeit aus, mitfühlende und effektive Betreuung zu leisten.

Effektive Kommunikation und Empathie

Schulungsprogramme betonen die Bedeutung effektiver Kommunikation und Empathie in der Pflege. Pflegepersonen lernen aktiv zuzuhören, Empathie auszudrücken und klar mit Betreuten, Familienmitgliedern und Gesundheitsfachkräften zu kommunizieren. Diese Fähigkeiten fördern Vertrauen, Verständnis und positive Beziehungen, die das gesamte Pflegeerlebnis verbessern.

Sicherheit und Risikomanagement

Schulungsprogramme betonen Sicherheitsprotokolle und Strategien zum Risikomanagement. Pflegepersonen lernen, potenzielle Gefahren zu erkennen, Unfälle zu verhindern und in Notfällen effektiv zu reagieren. Dieses Wissen gewährleistet die Sicherheit und das Wohlbefinden der Betreuten und minimiert das Risiko von Verletzungen oder Schäden.

Emotionale und psychologische Unterstützung

Schulungsprogramme behandeln die emotionalen und psychologischen Aspekte der Pflege. Pflegepersonen lernen, mit Stress umzugehen, mit Burnout bei Pflegepersonen umzugehen und Selbstfürsorge zu priorisieren. Diese Unterstützung ist entscheidend, damit Pflegepersonen ihr eigenes Wohlbefinden aufrechterhalten und mit den emotionalen Herausforderungen der Pflege umgehen können.

Wesentliche Komponenten von Schulungsprogrammen für professionelle und familiäre Pflegepersonen Grundlegende Fähigkeiten und Wissen

Schulungsprogramme sollten grundlegende Pflegefertigkeiten und -wissen abdecken, wie persönliche Hygiene, Unterstützung bei der Mobilität, Medikamentenverwaltung, Infektionskontrolle und das Erkennen von Anzeichen von Unwohlsein oder Krankheit. Diese grundlegenden Elemente stellen sicher, dass Pflegepersonen ein solides Verständnis für die Grundlagen der Pflege haben.

Krankheitsspezifische Betreuung

Pflegepersonen benötigen möglicherweise eine spezialisierte Schulung, wenn sie sich um Personen mit bestimmten Zuständen oder Krankheiten kümmern. Krankheitsspezifische Schulungsprogramme bieten vertiefte Kenntnisse über die besonderen Bedürfnisse, Symptome und Herausforderungen, die mit diesen Zuständen verbunden sind. Beispiele sind die Demenzbetreuung, das Management von Diabetes oder palliative Betreuung.

Kommunikation und Empathie

Effektive Kommunikation und Empathie sind entscheidende Bestandteile der Pflege. Schulungsprogramme sollten sich darauf konzentrieren, aktive Zuhörfähigkeiten zu entwickeln, effektive Kommunikationstechniken zu erlernen und Strategien für Empathie und Verständnis zu vermitteln. Diese Fähigkeiten ermöglichen es Pflegepersonen, positive Beziehungen zu Betreuten und ihren Familien aufzubauen.

Sicherheit und Risikomanagement

Schulungsprogramme sollten Sicherheitsprotokolle und Strategien zum Risikomanagement behandeln, um das Wohlbefinden von Pflegepersonen und Betreuten sicherzustellen. Dies beinhaltet Schulungen zur Sturzprävention, sicheren Transfer-Techniken, Infektionskontrolle, Medikamentensicherheit und Notfallvorbereitung.

Selbstfürsorge und Stressmanagement für Pflegepersonen

Pflegepersonen müssen Selbstfürsorge priorisieren und ihr eigenes Wohlbefinden managen. Schulungsprogramme sollten die Bedeutung von Selbstfürsorge betonen und Strategien für Stressmanagement, Resilienzaufbau und die Suche nach Unterstützung bieten. Dies stellt sicher, dass Pflegepersonen ihre eigene Gesundheit und ihr Wohlbefinden aufrechterhalten können, während sie sich um andere kümmern.

Kulturelle Kompetenz

Pflegepersonen interagieren mit Individuen aus vielfältigen kulturellen Hintergründen. Schulungsprogramme sollten kulturelle Kompetenz fördern, indem sie das Bewusstsein für kulturelle Unterschiede schärfen, Vorurteile ansprechen und Strategien für die Bereitstellung kultursensibler Betreuung bieten. Dies fördert respektvolle und inklusive Betreuungspraktiken.

Rechtliche und ethische Überlegungen

Pflegepersonen müssen sich der rechtlichen und ethischen Aspekte der Pflege bewusst sein. Schulungsprogramme sollten Anleitung zu Datenschutz und Vertraulichkeit, informierter Zustimmung, vorausschauender Behandlungsplanung und ethischer Entscheidungsfindung bieten. Dies stellt sicher, dass Pflegepersonen ihre Rollen auf rechtlich und ethisch verantwortungsbewusste Weise ausüben.

Umsetzung von Schulungsprogrammen Angepasster Inhalt

Schulungsprogramme sollten auf die spezifischen Bedürfnisse von professionellen und familiären Pflegepersonen zugeschnitten sein. Dies umfasst die Berücksichtigung der Zielgruppe, ihres

Erfahrungsstands und der einzigartigen Herausforderungen, denen sie in ihren Pflegeaufgaben begegnen können.

Interaktiver und praktischer Ansatz

Schulungsprogramme sollten interaktive und praktische Unterrichtsmethoden verwenden, um Lernende zu engagieren. Dazu können Rollenspiele, Fallstudien, praktische Demonstrationen und Gelegenheiten zur praktischen Übung gehören. Interaktive Ansätze fördern das Lernen und erleichtern die Anwendung des Wissens in realen Pflegesituationen.

Fortlaufende Bildung

Die Pflege ist ein sich ständig weiterentwickelndes Feld, und Schulungsprogramme sollten kontinuierliche Bildung und berufliche Weiterentwicklung fördern. Dies kann Auffrischungskurse, fortlaufende Workshops oder Zugang zu Online-Ressourcen und Unterstützungsnetzwerken umfassen. Fortlaufende Bildung gewährleistet, dass Pflegepersonen über bewährte Praktiken und aufkommende Trends in der Pflege auf dem Laufenden bleiben.

Zusammenarbeit und Partnerschaften

Schulungsprogramme sollten mit Gesundheitseinrichtungen, Gemeindeorganisationen und Unterstützungsnetzwerken für Pflege zusammenarbeiten. Diese Zusammenarbeit erleichtert den Zugang zu Ressourcen, fördert gemeinsames Lernen und schafft ein Netzwerk der Unterstützung für Pflegepersonen. Partnerschaften ermöglichen auch einen interdisziplinären Ansatz zur Schulung in der Pflege, der Perspektiven verschiedener Gesundheitsfachkräfte einbezieht.

Schulungsprogramme für professionelle und familiäre Pflegepersonen sind unerlässlich, um die Betreuungsqualität zu verbessern, das Selbstvertrauen und die Kompetenz der Pflegepersonen zu fördern und das Wohlbefinden sowohl von Pflegepersonen als auch von Betreuten sicherzustellen. Durch die Ansprache grundlegender Pflegefertigkeiten, krankheitsspezifischer Betreuung, effektiver Kommunikation, Sicherheitsprotokolle, Selbstfürsorge von Pflegepersonen sowie rechtlicher und ethischer Überlegungen statten diese Programme Pflegepersonen mit dem notwendigen Wissen und den Fähigkeiten aus, um mitfühlende und effektive Betreuung zu bieten. Die Umsetzung von maßgeschneiderten, interaktiven und fortlaufenden Schulungsprogrammen sowie die Zusammenarbeit und Partnerschaften tragen dazu bei, ein starkes Unterstützungssystem für Pflegepersonen zu schaffen. Durch Investitionen in die Schulung und Unterstützung von Pflegepersonen können wir Pflegepersonen dazu befähigen, qualitativ hochwertige Betreuung zu leisten und dabei gleichzeitig ihr eigenes Wohlbefinden zu priorisieren. Letztendlich wird dadurch die gesamte Pflegeerfahrung verbessert und das Leben der Betreuten positiv beeinflusst.

Ressourcen und Unterstützung für Pflegepersonen

Ressourcen und Unterstützung für Pflegepersonen sind von großer Bedeutung, um Personen, die die Verantwortung für die Pflege ihrer Angehörigen übernehmen, Unterstützung, Anleitung und praktische Hilfe zu bieten. Die Pflege kann sowohl körperlich als auch emotional herausfordernd sein, und Pflegepersonen benötigen oft Ressourcen und Unterstützung, um ihre Aufgaben effektiv zu bewältigen und gleichzeitig ihr eigenes Wohlbefinden zu erhalten. In diesem Abschnitt werden wir die Bedeutung von

Ressourcen und Unterstützung für Pflegepersonen, die Vorteile, die sie bieten, und verschiedene Arten von Unterstützungsmöglichkeiten erkunden.

Bedeutung von Ressourcen und Unterstützung für Pflegepersonen Informationen und Anleitung

Pflegepersonen benötigen Zugang zu zuverlässigen Informationen und Anleitungen, um die spezifischen Bedürfnisse und Herausforderungen der von ihnen betreuten Personen zu verstehen. Ressourcen bieten wesentliche Informationen zu Pflegetechniken, krankheitsspezifischer Betreuung, Medikamentenverwaltung, rechtlichen und finanziellen Angelegenheiten sowie verfügbaren Unterstützungsdiensten. Der Zugang zu genauen Informationen befähigt Pflegepersonen, fundierte Entscheidungen zu treffen und die bestmögliche Pflege zu bieten.

Emotionale Unterstützung

Die Pflege kann emotional herausfordernd sein, und Pflegepersonen benötigen oft emotionale Unterstützung, um mit Stress, Frustration und Gefühlen der Isolation umzugehen. Ressourcen für emotionale Unterstützung bieten Raum für Pflegepersonen, ihre Erfahrungen zu teilen, sich mit anderen in ähnlichen Situationen zu vernetzen und Empathie, Validierung und Ermutigung zu suchen. Eine solche Unterstützung hilft Pflegepersonen, die emotionalen Aspekte der Pflege zu bewältigen, verringert das Gefühl der Belastung und fördert das Wohlbefinden.

Praktische Hilfe

Pflegepersonen stehen oft vor praktischen Herausforderungen, wie der Bewältigung täglicher Aufgaben, der Koordination von

Terminen und der Suche nach Möglichkeiten für Auszeiten. Ressourcen, die praktische Hilfe bieten, geben Anleitung zur Organisation von Pflegeplänen, zum Zugang zu Transportdiensten, zur Suche nach häuslichen Gesundheitsdienstleistern und zur Erkundung von Auszeitprogrammen. Diese Ressourcen helfen, die logistischen Belastungen der Pflege zu verringern und stellen sicher, dass Pflegepersonen sich auf die Bereitstellung qualitativ hochwertiger Pflege konzentrieren können.

Bildung und Schulung

Pflegepersonen profitieren von Ressourcen, die Bildungs- und Schulungsmöglichkeiten bieten, um ihr Wissen und ihre Fähigkeiten zu verbessern. Bildungsressourcen bieten Zugang zu Webinaren, Workshops, Online-Kursen und gedruckten Materialien zu verschiedenen Pflegethemen, einschließlich Kommunikationsstrategien, krankheitsspezifischer Betreuung, Sicherheitsvorkehrungen und Selbstfürsorgepraktiken. Bildung und Schulung befähigen Pflegepersonen, kompetente und effektive Betreuung zu bieten.

Finanzielle und rechtliche Anleitung

Pflegepersonen können mit finanziellen und rechtlichen Herausforderungen im Zusammenhang mit der Pflege konfrontiert sein. Ressourcen, die finanzielle und rechtliche Anleitung bieten, geben Informationen über verfügbare Leistungen, Langzeitpflegeversicherungen, Nachlassplanung und rechtliche Aspekte im Zusammenhang mit der Pflege, wie Vollmachten und Patientenverfügungen. Diese Unterstützung hilft Pflegepersonen, die komplexen finanziellen und rechtlichen Aspekte der Pflege zu bewältigen, reduziert Stress und stellt finanzielle Stabilität sicher.

Arten von Ressourcen und Unterstützung für Pflegepersonen Pflegepersonen-Supportgruppen

Supportgruppen bringen Pflegepersonen zusammen, die ähnlichen Herausforderungen gegenüberstehen, und bieten einen sicheren Raum, um Erfahrungen auszutauschen, Bedenken zu besprechen und gegenseitige Unterstützung anzubieten. Diese Gruppen können persönlich oder online sein, von Fachleuten oder von Gleichgesinnten geleitet werden und sich auf spezifische Erkrankungen oder Pflegethemen konzentrieren.

Telefon- und Hotline-Dienste

Telefon- und Hotline-Dienste bieten Pflegepersonen Zugang zu sofortiger Unterstützung, Anleitung und Informationen. Geschulte Fachkräfte stehen zur Beantwortung von Fragen, zur emotionalen Unterstützung, zur Krisenintervention und zur Vermittlung von Pflegepersonen an geeignete Ressourcen oder Dienstleistungen zur Verfügung.

Auszeit-Programme

Auszeit-Programme bieten Pflegepersonen vorübergehende Entlastung, indem sie professionelle Pflege für ihre Angehörigen anbieten. Dies ermöglicht Pflegepersonen eine Pause, die Wahrnehmung persönlicher Bedürfnisse und das Auftanken. Auszeit-Pflege kann zu Hause, in Tageszentren für Erwachsene oder durch kurzfristige stationäre Pflege angeboten werden.

Websites und Online-Communities für Pflegepersonen

Pflegespezifische Websites und Online-Communities bieten eine Fülle von Informationen, Bildungsressourcen und Foren, in denen Pflegepersonen sich vernetzen können. Diese Plattformen bieten Zugang zu Artikeln, Webinaren, Diskussionsforen und

Expertenratschlägen und ermöglichen Pflegepersonen den Zugang zu Unterstützung und Informationen von zu Hause aus.

Pflegepersonen-Trainingsprogramme

Pflegepersonen-Trainingsprogramme bieten Bildungs- und Fähigkeitenentwicklungsmöglichkeiten, um das Wissen und die Kompetenz der Pflegepersonen zu verbessern. Diese Programme werden von Gesundheitseinrichtungen, Gemeindeorganisationen oder Online-Plattformen angeboten. Trainingsprogramme behandeln verschiedene Pflegethemen, einschließlich krankheitsspezifischer Betreuung, Kommunikationsfähigkeiten, Sicherheitsprotokolle und Selbstfürsorgepraktiken.

Pflegepersonen-Ressourcenzentren

Pflegepersonen-Ressourcenzentren dienen als zentrale Anlaufstellen für Informationen, Weiterempfehlungen und Unterstützungsdienste. Diese Zentren bieten Pflegepersonen Zugang zu Ressourcenbibliotheken, Unterstützungsgruppen, Bildungsprogrammen und Verbindungen zu Gemeinschaftsressourcen, einschließlich Auszeitpflege-Diensten und Finanzhilfe-Programmen.

Regierungs- und gemeinnützige Organisationen

Regierungs- und gemeinnützige Organisationen bieten eine Vielzahl von Ressourcen und Unterstützung für Pflegepersonen. Diese Organisationen können Informationen über verfügbare Unterstützungsdienste, Finanzhilfe-Programme, Pflegepersonen-Trainings und Auszeitpflege-Optionen bereitstellen. Sie können sich auch für die Rechte von Pflegepersonen, politische Veränderungen und eine erhöhte Finanzierung für Initiativen zur Unterstützung von Pflegepersonen einsetzen.

Professionelle Pflegedienste

Professionelle Pflegedienste können ausgebildete und qualifizierte Fachkräfte bereitstellen, die bei Pflegeaufgaben wie Körperpflege, Medikamentenverwaltung und Hausarbeiten helfen. Diese Dienste bieten Pflegepersonen Sicherheit, um sicherzustellen, dass ihre Angehörigen qualitativ hochwertige Betreuung erhalten, wenn zusätzliche Unterstützung benötigt wird.

Ressourcen und Unterstützung für Pflegepersonen sind von wesentlicher Bedeutung, um Unterstützung, Anleitung und praktische Hilfe für Personen in ihren Pflegeaufgaben bereitzustellen. Der Zugang zu Informationen, emotionale Unterstützung, praktische Hilfe, Bildung und Schulung sowie finanzielle und rechtliche Anleitung befähigt Pflegepersonen, die Herausforderungen der Pflege effektiv zu bewältigen und gleichzeitig ihr eigenes Wohlbefinden zu erhalten. Durch die Nutzung vorhandener Ressourcen und die Inanspruchnahme von Unterstützung aus verschiedenen Unterstützungsnetzwerken können Pflegepersonen qualitativ hochwertige Pflege bieten, Gefühle der Isolation verringern und ihre eigene Widerstandsfähigkeit und Zufriedenheit auf ihrer Pflegereise steigern. Es ist für Regierungen, Organisationen und Gemeinschaften entscheidend, Ressourcen und Unterstützungsprogramme kontinuierlich zu entwickeln und auszubauen, um den sich wandelnden Bedürfnissen von Pflegepersonen gerecht zu werden und ihre unschätzbaren Beiträge anzuerkennen.

KAPITEL 9
Heilung und Genesung: Rehabilitation für Missbrauchsüberlebende

In diesem Kapitel werden wir die Bedeutung von Heilung und Genesung durch Rehabilitation für Missbrauchsüberlebende erkunden. Überlebende von Missbrauch, sei es physischer, emotionaler, sexueller oder finanzieller Natur, sehen sich oft tiefgreifendem physischem und psychischem Trauma gegenüber.

Rehabilitationsprogramme zielen darauf ab, Überlebende auf ihrem Weg zur Heilung, Genesung und Rückeroberung ihres Lebens zu unterstützen. Dieses Kapitel wird die Bedeutung der Rehabilitation für Missbrauchsüberlebende vertiefen, die Prinzipien wirksamer Rehabilitation beleuchten und die verschiedenen Komponenten eines umfassenden Rehabilitationsprogramms vorstellen.

Bedeutung der Rehabilitation für Missbrauchsüberlebende Physische Heilung

Viele Missbrauchsüberlebende leiden unter physischen Verletzungen und Gesundheitskomplikationen aufgrund des erlittenen Missbrauchs. Rehabilitationsprogramme bieten Zugang zur medizinischen Versorgung, Physiotherapie und anderen spezialisierten Interventionen, um physische Verletzungen anzugehen, Heilung zu fördern und funktionale Fähigkeiten wiederherzustellen. Physische Heilung ist für Überlebende wichtig, um ihr physisches Wohlbefinden wiederzuerlangen und ihr Gefühl der Handlungsfähigkeit wiederherzustellen.

Emotionale und psychische Genesung

Missbrauchsüberlebende erleben oft signifikantes emotionales und psychisches Trauma, einschließlich Angst, Depression, posttraumatische Belastungsstörung (PTBS) und komplexes Trauma.

Rehabilitationsprogramme bieten spezialisierte Beratung, Therapie und psychische Unterstützung, um diese seelischen Wunden anzugehen. Indem sie eine sichere und unterstützende Umgebung bieten, können Überlebende ihre Emotionen verarbeiten, Bewältigungsstrategien entwickeln und ihr Selbstwertgefühl und ihre Widerstandsfähigkeit wiederaufbauen.

Ermächtigung und Wiedererlangung der Autonomie

Missbrauch kann Überlebende ihrer Kontrolle und Autonomie berauben. Rehabilitationsprogramme konzentrieren sich darauf, Überlebende zu ermächtigen, indem sie ihnen ein Gefühl der Selbstbestimmung über ihr Leben zurückgeben. Dies umfasst die Bereitstellung von Bildung, Schulung und Unterstützung zur Entwicklung von Selbstvertrauen, Durchsetzungsvermögen und Entscheidungsfähigkeiten. Ermächtigung hilft Überlebenden, ihr Leben nach ihren eigenen Bedingungen wieder aufzubauen und mit einem erneuerten Sinn für Zweck und Unabhängigkeit voranzuschreiten.

Wiederaufbau von Beziehungen und Vertrauen

Missbrauch schädigt oft die Fähigkeit der Überlebenden, anderen zu vertrauen und gesunde Beziehungen aufzubauen. Rehabilitationsprogramme bieten Unterstützung beim

Wiederaufbau sozialer Verbindungen, der Förderung gesunder Beziehungen und der Bewältigung von Beziehungsschwierigkeiten, die aus dem Missbrauch resultieren.

Durch Gruppentherapie, Familienberatung und Unterstützungsnetzwerke können Überlebende lernen, vertrauensvolle Beziehungen aufzubauen und ein Unterstützungssystem zu schaffen, das zu ihrem Heilungsprozess beiträgt.

Prinzipien wirksamer Rehabilitation für Missbrauchsüberlebende Traumainformierter Ansatz

Wirksame Rehabilitationsprogramme übernehmen einen traumainformierten Ansatz und erkennen die Auswirkungen von Trauma auf Überlebende an. Sie bieten Dienstleistungen an, die sensibel auf ihre einzigartigen Bedürfnisse abgestimmt sind. Dieser Ansatz umfasst die Schaffung einer sicheren und respektvollen Umgebung, die Förderung von Vertrauen und die Ermächtigung von Überlebenden auf ihrem Weg zur Genesung.

Ganzheitliche Betreuung

Rehabilitationsprogramme sollten sich mit den multidimensionalen Bedürfnissen von Missbrauchsüberlebenden befassen. Dies beinhaltet die physischen, emotionalen, psychischen und sozialen Aspekte der Genesung. Ein ganzheitlicher Ansatz stellt sicher, dass Überlebende umfassende Unterstützung erhalten, die die miteinander verbundenen Aspekte ihrer Erfahrungen erkennt und berücksichtigt.

Individuelle Behandlungspläne

Die Heilungsreise eines jeden Überlebenden ist einzigartig, und wirksame Rehabilitationsprogramme entwickeln individuelle

Behandlungspläne basierend auf den spezifischen Bedürfnissen und Zielen des Überlebenden. Diese Pläne berücksichtigen Faktoren wie Art und Schwere des Missbrauchs, kulturellen Hintergrund, persönliche Präferenzen und vorhandene Stärken. Individuelle Behandlungspläne stellen sicher, dass Überlebende maßgeschneiderte Unterstützung und Interventionen erhalten, die ihren Bedürfnissen am besten gerecht werden.

Zusammenarbeit und interdisziplinäre Betreuung

Rehabilitationsprogramme sollten ein interdisziplinäres Team von Fachleuten umfassen, darunter Psychologen, Berater, medizinische Fachkräfte, Sozialarbeiter und andere Spezialisten. Die Zusammenarbeit ermöglicht eine umfassende Bewertung, Behandlungsplanung und Koordination der Dienstleistungen. Dieser interdisziplinäre Ansatz stellt sicher, dass Überlebende ganzheitliche Betreuung und Unterstützung von einer Vielzahl von Experten erhalten.

Komponenten eines umfassenden Rehabilitationsprogramms für Missbrauchsüberlebende Einzel- und Gruppentherapie

Die Einzeltherapie bietet Überlebenden einen sicheren Raum, um ihre Erfahrungen, Emotionen und Überzeugungen zu erkunden. Die Gruppentherapie schafft eine unterstützende Umgebung, in der Überlebende sich mit anderen verbinden können, die ähnliche Erfahrungen gemacht haben, ihre Geschichten teilen und von Gleichgesinnten Bestätigung und Unterstützung erhalten können. Trauma-fokussierte Beratung

Trauma-fokussierte Beratungsansätze wie Kognitive Verhaltenstherapie (KVT) und Augenbewegungsdeshabituierung und Wiederaufarbeitung (EMDR) helfen Überlebenden, traumatische Erfahrungen zu verarbeiten, Bewältigungsstrategien zu entwickeln und die Auswirkungen von traumabezogenen Symptomen zu reduzieren.

Medizinische und körperliche Versorgung

Rehabilitationsprogramme sollten Zugang zu medizinischer und körperlicher Versorgung bieten, einschließlich medizinischer Untersuchungen, Behandlung von physischen Verletzungen, Schmerzmanagement und Rehabilitationsdiensten wie Physiotherapie oder Ergotherapie. Dies gewährleistet das physische Wohlbefinden der Überlebenden und fördert ihre Gesamtgenesung.

Psychoedukation und Fertigkeitstraining

Psychoedukation vermittelt Überlebenden Wissen über die Auswirkungen von Missbrauch, häufige Traumareaktionen und Bewältigungsstrategien. Fertigkeitstraining konzentriert sich auf die Entwicklung von Fertigkeiten wie Durchsetzungsvermögen, Kommunikation, emotionale Regulation, Selbstfürsorge und Grenzsetzung. Diese Fertigkeiten befähigen Überlebende, ihren Alltag zu bewältigen und Resilienz aufzubauen.

Soziale Unterstützung und Gemeinschaftsengagement

Rehabilitationsprogramme erleichtern soziale Unterstützung durch Unterstützungsgruppen, Peer-Mentoring und gemeinschaftsbasierte Aktivitäten. Die Einbindung in unterstützende Gemeinschaften und die Teilnahme an sinnvollen Aktivitäten helfen Überlebenden, soziale Verbindungen wiederherzustellen, ein Zugehörigkeitsgefühl zu entwickeln und Gefühle der Isolation zu reduzieren.

Rechtliche Vertretung und Unterstützung

Viele Missbrauchsüberlebende durchlaufen rechtliche Prozesse wie das Einreichen von Berichten oder das Beantragen von Schutzanordnungen. Rehabilitationsprogramme können Zugang zu rechtlicher Vertretung bieten und Überlebenden Anleitung, Unterstützung und Verweisungen auf Rechtsprofis anbieten, die Erfahrung im Umgang mit Missbrauchsfällen haben.

Nachsorge und unterstützende Begleitung

Rehabilitationsprogramme sollten Nachsorgedienste und unterstützende Begleitung umfassen, um sicherzustellen, dass Überlebende auch nach Abschluss des Programms die notwendige Unterstützung erhalten. Dies kann den Zugang zu fortlaufender Therapie, Unterstützungsgruppen und Verweisungen auf Gemeinschaftsressourcen beinhalten.

Die Rehabilitation spielt eine entscheidende Rolle bei der Unterstützung der Heilung und Genesung von Missbrauchsüberlebenden. Durch die Ansprache der physischen Heilung, der emotionalen und psychischen Genesung, der Ermächtigung und dem Wiederaufbau von Beziehungen bieten Rehabilitationsprogramme Überlebenden die notwendigen Werkzeuge, Unterstützung und Ressourcen, um ihr Leben zurückzugewinnen. Ein umfassendes Rehabilitationsprogramm, das von trauma-informierten Prinzipien geleitet wird, umfasst individualisierte Behandlungspläne, die Zusammenarbeit zwischen Fachleuten und eine Reihe von Interventionen, um den einzigartigen Bedürfnissen der Überlebenden gerecht zu werden. Durch die Rehabilitation können Missbrauchsüberlebende den Weg der Heilung einschlagen, ihre Widerstandsfähigkeit und ihr

Selbstwertgefühl wiederentdecken und die Kontrolle über ihr Leben zurückgewinnen.

Heilung und Genesung: Rehabilitation für Missbrauchsüberlebende im Alter

Die physische und emotionale Genesung von misshandelten älteren Menschen ist ein entscheidender Aspekt ihrer Heilungsreise. Altersmissbrauch, sei es physisch, emotional, sexuell oder finanziell, kann verheerende Auswirkungen auf das Wohlbefinden und die Würde älterer Menschen haben. Rehabilitationsprogramme und gezielte Interventionen, die darauf abzielen, die physischen und emotionalen Bedürfnisse misshandelter älterer Menschen anzugehen, spielen eine wichtige Rolle in ihrer Genesung. In diesem Abschnitt werden wir die Bedeutung der physischen und emotionalen Genesung für misshandelte ältere Menschen erkunden, mit welchen Herausforderungen sie konfrontiert sein könnten, sowie die Strategien und Interventionen, die ihren Heilungsprozess unterstützen können.

Physische Genesung für misshandelte ältere Menschen Medizinische Untersuchung und Behandlung

Die physische Genesung beginnt mit einer umfassenden medizinischen Untersuchung, um sofortige Verletzungen oder gesundheitliche Bedenken infolge des Missbrauchs zu identifizieren und anzugehen. Medizinische Fachkräfte, einschließlich geriatrischer Spezialisten und forensischer Krankenschwestern, können gründliche Untersuchungen durchführen, notwendige Behandlungen bereitstellen und medizinische Zustände behandeln, die durch den Missbrauch verschlimmert wurden.

Rehabilitationsdienste

Misshandelte ältere Menschen benötigen möglicherweise Rehabilitationsdienste, um ihre physische Funktionsfähigkeit und Mobilität wiederzuerlangen oder zu verbessern. Diese Dienste können Physiotherapie, Ergotherapie und Sprachtherapie umfassen, abhängig von den spezifischen Bedürfnissen und Zielen der einzelnen Person. Rehabilitation hilft älteren Menschen, ihre Stärke wieder aufzubauen, Unabhängigkeit in täglichen Aktivitäten zurückzugewinnen und ihre Lebensqualität insgesamt zu verbessern.

Schmerzmanagement

Viele misshandelte ältere Menschen leiden aufgrund des erlittenen Missbrauchs unter physischem Schmerz. Schmerzmanagement-Strategien, einschließlich Medikamenten, physikalischer Therapien und alternativer Ansätze wie Akupunktur oder Massage, können dazu beitragen, ihren Schmerz zu lindern und ihren Komfort und ihr Wohlbefinden zu verbessern.

Unterstützende Hilfsmittel und Wohnungsanpassungen

Misshandelte ältere Menschen können von der Verwendung unterstützender Hilfsmittel wie Gehstöcken, Gehhilfen oder Rollstühlen profitieren, um ihre Mobilität und Sicherheit zu erhöhen. Zusätzlich können Wohnungsanpassungen wie das Anbringen von Geländern oder Rampen eine zugänglichere und unterstützende Umgebung für ihre physische Genesung schaffen.

Ernährungsunterstützung

Die Gewährleistung einer angemessenen Ernährung ist für die physische Genesung misshandelter älterer Menschen entscheidend. Ernährungswissenschaftler oder Diätassistenten können die individuellen Ernährungsbedürfnisse einschätzen und personalisierte Mahlzeitpläne entwickeln, um die Heilung zu fördern, ein gesundes Gewicht aufrechtzuerhalten und etwaige ernährungsbedingte Mängel infolge des Missbrauchs zu behandeln.

Emotionale Genesung für misshandelte ältere Menschen Trauma-informierte Beratung

Misshandelte ältere Menschen erleben oft erhebliche emotionale Traumata, darunter Angst, Depression, posttraumatische Belastungsstörung (PTBS) und Gefühle von Scham oder Schuld. Die von geschulten Fachleuten angebotene trauma-informierte Beratung, die Erfahrung in der Arbeit mit älteren Erwachsenen hat, konzentriert sich darauf, eine sichere und unterstützende Umgebung zu schaffen. Sie hilft misshandelten älteren Menschen, ihre Emotionen zu verarbeiten, sich von den Traumata zu erholen und Bewältigungsstrategien zu entwickeln, um belastende Symptome zu bewältigen.

Unterstützungsgruppen

Der Beitritt zu speziell auf misshandelte ältere Menschen zugeschnittenen Unterstützungsgruppen kann im emotionalen Genesungsprozess hilfreich sein. Diese Gruppen bieten einen Raum für ältere Menschen, sich mit anderen zu verbinden, die ähnliche Erfahrungen gemacht haben, ihre Geschichten zu teilen, gegenseitige Unterstützung anzubieten und voneinander zu lernen, wie sie mit Coping-Mechanismen und Widerstandsfähigkeit umgehen können. Unterstützungsgruppen fördern ein Gefühl der Zugehörigkeit, Bestätigung und Ermächtigung.

Ausdruckstherapien

Ausdruckstherapien wie Kunsttherapie, Musiktherapie oder Tanztherapie können wirksam sein, um die emotionale Genesung misshandelter älterer Menschen zu unterstützen. Diese kreativen Ansätze bieten nicht-verbale Wege zur Selbstausdruck, emotionalen Entlastung und Erkundung schwieriger Emotionen in einer sicheren und unterstützenden Umgebung.

Kognitive Verhaltenstherapie (KVT)

Die KVT ist ein therapeutischer Ansatz, der weit verbreitet in der Behandlung emotionaler Traumata und damit verbundener Zustände eingesetzt wird. Sie hilft misshandelten älteren Menschen, negative Denkmuster in Frage zu stellen, gesündere Bewältigungsstrategien zu entwickeln und ihre Erfahrungen neu zu bewerten. Die KVT fördert emotionale Widerstandsfähigkeit, positives Selbstwertgefühl und insgesamt verbessertes psychisches Wohlbefinden.

Achtsamkeits- und Entspannungstechniken

Achtsamkeits- und Entspannungstechniken wie Meditation, Atemübungen oder geführte Vorstellungen können misshandelten älteren Menschen dabei helfen, Stress zu bewältigen, Ängste zu reduzieren und emotionales Wohlbefinden zu fördern. Diese Praktiken helfen älteren Menschen, Ruhe zu finden, Selbstbewusstsein zu steigern und Widerstandsfähigkeit gegenüber emotionalen Herausforderungen zu entwickeln.

Soziale Unterstützung und bedeutungsvolle Verbindungen

Die Aufrechterhaltung und Pflege sozialer Verbindungen ist für die emotionale Genesung misshandelter älterer Menschen entscheidend. Die Teilnahme an sozialen Aktivitäten, die Teilnahme an Gemeinschaftsprogrammen und die Zeit mit geliebten Menschen oder unterstützenden Freunden können dazu beitragen, Isolation zu bekämpfen, das Selbstwertgefühl zu verbessern und ein Gefühl der Zugehörigkeit und des Zwecks zu vermitteln.

Die physische und emotionale Genesung misshandelter älterer Menschen ist ein komplexer und vielschichtiger Prozess, der gezielte Interventionen und Unterstützung erfordert. Durch die Ansprache der physischen Bedürfnisse mittels medizinischer Untersuchung, Rehabilitationsdiensten, Schmerzmanagement, unterstützenden Hilfsmitteln und Ernährungsunterstützung können misshandelte ältere Menschen ihre physische Funktionsfähigkeit und ihr Wohlbefinden zurückgewinnen. Die emotionale Genesung, unterstützt durch trauma-informierte Beratung, Unterstützungsgruppen, Ausdruckstherapien, KVT, Achtsamkeitspraktiken und soziale Verbindungen, hilft misshandelten älteren Menschen, sich von den emotionalen Traumata zu erholen, die sie erlebt haben, und ihr emotionales Wohlbefinden und ihre Widerstandsfähigkeit wieder aufzubauen.

Die Anerkennung der einzigartigen Herausforderungen, denen misshandelte ältere Menschen gegenüberstehen, und die Bereitstellung umfassender und mitfühlender Betreuung sind entscheidend, um ihre Reise zur physischen und emotionalen Genesung zu unterstützen, ihre Würde zu wahren und ihre Gesamtqualität des Lebens zu verbessern.

Beratungs- und Therapieoptionen

Beratungs- und Therapieoptionen spielen eine entscheidende Rolle bei der Unterstützung von Menschen, die verschiedenen Herausforderungen gegenüberstehen, einschließlich jener, die

Missbrauch erlebt haben. Beratung und Therapie bieten einen sicheren und unterstützenden Raum, in dem Individuen ihre Gedanken, Emotionen und Erfahrungen erkunden können. Dadurch wird Heilung, persönliches Wachstum und das allgemeine Wohlbefinden gefördert. In diesem Abschnitt werden wir verschiedene Beratungs- und Therapieoptionen genauer betrachten und ihre Ansätze, Vorteile und Eignung für Menschen, die Missbrauch erlebt haben, erläutern.

Einzelberatung

Die Einzelberatung umfasst Eins-zu-Eins-Sitzungen zwischen einem geschulten Therapeuten und der Person, die Unterstützung sucht. Sie bietet einen vertraulichen Raum, in dem Einzelpersonen ihre Erfahrungen teilen, ihre Emotionen ausdrücken und ihre Herausforderungen in einer persönlichen und maßgeschneiderten Weise bewältigen können. Einzelberatung kann besonders für Personen, die Missbrauch erlebt haben, vorteilhaft sein, da sie eine sichere und nicht wertende Umgebung bietet, um Trauma zu verarbeiten, zugrunde liegende Probleme zu erkunden und Bewältigungsstrategien zu entwickeln.

Kognitive Verhaltenstherapie (KVT)

Die KVT konzentriert sich darauf, negative Denkmuster und Überzeugungen zu identifizieren und herauszufordern, die zu belastenden Emotionen und Verhaltensweisen beitragen. Sie hilft Einzelpersonen dabei, gesündere kognitive Muster zu entwickeln und praktische Fähigkeiten zu erlernen, um ihre Emotionen zu bewältigen und mit schwierigen Situationen umzugehen. Die KVT ist oft wirksam, um die Auswirkungen von Trauma zu bewältigen, Angst und Depression zu behandeln und das allgemeine Wohlbefinden zu steigern.

Traumazentrierte Therapie

Traumazentrierte Therapie, wie die Eye Movement Desensitization and Reprocessing (EMDR) oder die Traumazentrierte Kognitive Verhaltenstherapie (TF-KVT), ist speziell darauf ausgerichtet, die Auswirkungen von Trauma auf Individuen zu behandeln. Diese Therapien helfen Einzelpersonen, traumatische Erinnerungen zu verarbeiten, belastende Symptome zu reduzieren und effektive Bewältigungsstrategien zu entwickeln. Traumazentrierte Therapie kann für Personen, die Missbrauch erlebt haben, sehr vorteilhaft sein, da sie sich auf ihre einzigartigen traumabezogenen Bedürfnisse konzentriert.

Psychodynamische Therapie

Die psychodynamische Therapie untersucht unbewusste Muster und ungelöste Konflikte, die zu emotionaler Belastung beitragen können. Durch die Erforschung vergangener Erfahrungen und ihrer Auswirkungen auf aktuelle Emotionen und Verhaltensweisen zielt die psychodynamische Therapie darauf ab, das Selbstbewusstsein zu steigern und persönliches Wachstum zu fördern. Sie kann für Personen, die Missbrauch erlebt haben, hilfreich sein, da sie ein tieferes Verständnis für die zugrunde liegenden Dynamiken und deren Auswirkungen auf das Wohlbefinden der Einzelperson bietet.

Personenzentrierte Therapie

Die personenzentrierte Therapie betont die therapeutische Beziehung und konzentriert sich auf die inhärente Fähigkeit der Person zum Wachstum und zur Selbstverwirklichung. Der Therapeut schafft eine unterstützende und nicht-direktive Umgebung, in der die Einzelpersonen ihre eigenen Gefühle und

Erfahrungen erforschen können. Die personenzentrierte Therapie kann für Personen, die Missbrauch erlebt haben, vorteilhaft sein, da sie Selbstermächtigung und Selbstakzeptanz fördert.

Gruppentherapie

Die Gruppentherapie umfasst Sitzungen mit Einzelpersonen mit ähnlichen Erfahrungen oder Herausforderungen in einer geleiteten Gruppeneinstellung, in der sie ihre Erfahrungen teilen, Unterstützung bieten und voneinander lernen können. Die Gruppentherapie kann eine wertvolle Option für Personen sein, die Missbrauch erlebt haben, da sie ein Gefühl der Zugehörigkeit, Bestätigung und Verbindung mit anderen bietet, die ähnliche Erfahrungen gemacht haben.

Unterstützungsgruppen

Unterstützungsgruppen für Überlebende von Missbrauch bieten einen sicheren und unterstützenden Raum, in dem Einzelpersonen ihre Geschichten teilen, ihre Emotionen ausdrücken und Bestätigung und Unterstützung von anderen erhalten können, die ähnliche Erfahrungen gemacht haben. Unterstützungsgruppen fördern ein Gemeinschaftsgefühl, reduzieren Isolationsgefühle und bieten die Möglichkeit, Bewältigungsstrategien und Widerstandsfähigkeit zu erlernen.

Psychoedukative Gruppen

Psychoedukative Gruppen konzentrieren sich darauf, Informationen, Bildung und Fähigkeiten im Zusammenhang mit bestimmten Themen oder Herausforderungen bereitzustellen. Im Kontext von Missbrauch können psychoedukative Gruppen Informationen über die Auswirkungen von Missbrauch, gesunde Bewältigungsmechanismen, Selbstfürsorgestrategien und

Ermächtigung bieten. Diese Gruppen helfen den Einzelpersonen, Wissen und Fähigkeiten zu entwickeln, um den Heilungsprozess zu navigieren und ihr allgemeines Wohlbefinden zu verbessern.

Familietherapie

Familietherapie beinhaltet die Teilnahme von Familienmitgliedern an Therapiesitzungen, um Beziehungsdynamiken zu behandeln, die Kommunikation zu verbessern und Verständnis und Heilung in der Familie zu fördern. Familietherapie kann für Personen, die Missbrauch erlebt haben, vorteilhaft sein, da sie eine Plattform bietet, um die Auswirkungen des Missbrauchs auf familiäre Beziehungen anzusprechen, einen offenen Dialog zu fördern und eine unterstützende und gesunde familiäre Umgebung zu schaffen.

Trauma-informierte Familietherapie

Die trauma-informierte Familietherapie konzentriert sich darauf, die Auswirkungen von Trauma auf familiäre Dynamiken und Beziehungen zu verstehen. Ziel ist es, die Kommunikation zu verbessern, das Vertrauen wieder aufzubauen und das gesamte Familiensystem zu stärken. Die trauma-informierte Familietherapie erkennt die einzigartigen Bedürfnisse von Missbrauchsüberlebenden an und bietet einen sicheren Raum für Familienmitglieder, um die Auswirkungen des Missbrauchs zu verarbeiten und gemeinsam an Heilung und Genesung zu arbeiten.

Online-Beratung und Teletherapie

Die Online-Beratung, auch als Teletherapie oder E-Beratung bekannt, bietet Beratungs- und Therapiedienste über digitale Plattformen wie Videokonferenzen oder sichere Nachrichtenübermittlung. Die Online-Beratung kann eine bequeme und zugängliche Option für Personen sein, die möglicherweise Schwierigkeiten haben, persönliche Sitzungen aufgrund verschiedener Gründe wie geografischer Entfernung oder physischer Einschränkungen in Anspruch zu nehmen. Sie ermöglicht es den Einzelpersonen, professionelle Unterstützung und Therapie vom Komfort ihrer eigenen Häuser aus zu erhalten und gleichzeitig Vertraulichkeit und Datenschutz zu wahren.

Beratungs- und Therapieoptionen bieten wertvolle Unterstützung für Personen, die Missbrauch erlebt haben. Durch Einzelberatung, Gruppentherapie, Familietherapie und Online-Beratung können Einzelpersonen sichere und unterstützende Umgebungen nutzen, um ihre Erfahrungen zu verarbeiten, von Trauma zu heilen, Bewältigungsstrategien zu entwickeln und ihr allgemeines Wohlbefinden zu verbessern. Die verschiedenen therapeutischen Ansätze wie KVT, traumazentrierte Therapie und personenzentrierte Therapie berücksichtigen unterschiedliche Bedürfnisse und Vorlieben. Es ist wichtig, dass Personen, die Missbrauch erlebt haben, mit qualifizierten und erfahrenen Therapeuten zusammenarbeiten, die sich auf Trauma und missbrauchsbezogene Probleme spezialisiert haben. Indem sie professionelle Hilfe suchen und sich auf Beratung und Therapie einlassen, können Personen, die Missbrauch erlebt haben, sich auf eine Heilungsreise begeben, die persönliches Wachstum, Widerstandsfähigkeit und das Zurückgewinnen ihres Lebens ermöglicht.

Wiederaufbau von Vertrauen und Wiederherstellung der Würde

Der Wiederaufbau von Vertrauen und die Wiederherstellung der Würde sind wesentliche Aspekte des Heilungsprozesses für

Personen, die Missbrauch erlebt haben. Missbrauch, sei es physisch, emotional, sexuell oder finanziell, kann das Vertrauen einer Person in andere erschüttern und sich stark auf ihr Selbstwertgefühl und ihre Würde auswirken. In diesem Abschnitt werden wir die Bedeutung des Wiederaufbaus von Vertrauen und der Wiederherstellung der Würde erkunden, die auftretenden Herausforderungen sowie Strategien und Interventionen zur Unterstützung von Personen auf ihrem Weg zur Wiedererlangung von Vertrauen und zur Rückeroberung ihres angeborenen Werts erörtern.

Wiederaufbau von Vertrauen Schaffung von Sicherheit

Der Wiederaufbau von Vertrauen beginnt mit der Schaffung einer sicheren und geschützten Umgebung für Personen, die Missbrauch erlebt haben. Es ist entscheidend, ihre physische und emotionale Sicherheit zu gewährleisten und ihnen zusichern, dass sie keinen weiteren Schaden erleiden werden. Die Schaffung von Sicherheit ermöglicht es den Personen, nach und nach Vertrauen in ihre Umgebung und die Menschen um sie herum zu entwickeln.

Kontinuität und Zuverlässigkeit

Kontinuität und Zuverlässigkeit in Worten und Taten sind Schlüsselelemente beim Wiederaufbau von Vertrauen. Es ist wichtig, Verpflichtungen einzuhalten, Zuverlässigkeit zu zeigen und im Laufe der Zeit konsistent zu handeln. Dies hilft den Personen, Vertrauen in die Integrität und Aufrichtigkeit anderer zu entwickeln.

Transparenz und offene Kommunikation

Transparente und offene Kommunikation fördert Vertrauen, indem sie Ehrlichkeit, Klarheit und gegenseitiges Verständnis fördert. Indem Personen ermutigt werden, ihre Bedenken, Gefühle und Bedürfnisse in einer sicheren und unterstützenden Umgebung auszudrücken, wird Vertrauen aufgebaut. Aktives Zuhören, Bestätigung und Empathie spielen eine wichtige Rolle bei der Förderung effektiver Kommunikation und beim Wiederaufbau von Vertrauen.

Festlegung von Grenzen

Die Achtung persönlicher Grenzen ist beim Wiederaufbau von Vertrauen von entscheidender Bedeutung. Personen, die Missbrauch erlebt haben, hatten möglicherweise ihre Grenzen verletzt. Es ist wichtig, eine Umgebung zu schaffen, die ihre Autonomie, Einwilligung und persönlichen Raum anerkennt und respektiert. Durch das Festlegen und Respektieren von Grenzen kann Vertrauen allmählich wieder aufgebaut werden.

Vertrauensbildende Aktivitäten

Die Teilnahme an vertrauensbildenden Aktivitäten kann Personen helfen, allmählich Vertrauen in sich selbst und andere zu entwickeln. Diese Aktivitäten können Teamarbeit, Problemlösungsübungen oder gemeinsame Erfahrungen beinhalten, die Zusammenarbeit, Zuverlässigkeit und gegenseitige Unterstützung fördern. Die Teilnahme an solchen Aktivitäten ermöglicht es Personen, vertrauenswürdiges Verhalten zu beobachten und zu erleben, was den allmählichen Wiederaufbau von Vertrauen fördert.

Wiederherstellung der Würde

Bestätigung und Ermächtigung: Die Wiederherstellung der Würde beinhaltet die Anerkennung und Bestätigung der Erfahrungen, Gefühle und des Werts von Personen, die Missbrauch erlebt haben. Es ist wichtig, ihren inhärenten Wert, ihre Stärken und ihre Widerstandsfähigkeit zu bestätigen. Die Bereitstellung von Möglichkeiten zur Ermächtigung, wie die Entscheidungsfindung, Autonomie und die Teilnahme an ihrem eigenen Heilungsweg, hilft, ein Gefühl der Würde und Handlungsfähigkeit wiederherzustellen.

Trauma-Informierte Betreuung

Die Übernahme eines trauma-informierten Ansatzes ist für die Wiederherstellung der Würde von Personen, die Missbrauch erlebt haben, entscheidend. Dieser Ansatz erkennt die Auswirkungen von Trauma auf das Wohlbefinden einer Person an und betont Sicherheit, Vertrauenswürdigkeit, Wahlmöglichkeit, Zusammenarbeit und Ermächtigung. Trauma-informierte Betreuung gewährleistet, dass die Würde und die einzigartigen Bedürfnisse jeder Person während des Heilungsprozesses respektiert werden.

Selbstfürsorge und Selbstmitgefühl

Die Förderung von Selbstfürsorge und Selbstmitgefühl ist für die Wiederherstellung der Würde wesentlich. Personen, die Missbrauch erlebt haben, können mit Gefühlen von Scham, Schuld oder Selbstvorwürfen kämpfen. Die Förderung von Selbstfürsorgepraktiken, wie das Engagieren in Aktivitäten, die Freude bereiten, das Setzen von Grenzen und das Priorisieren des physischen und emotionalen Wohlbefindens, unterstützt die Wiederherstellung der Würde und des Selbstwertgefühls.

Aufbau positiver Beziehungen

Der Aufbau positiver, unterstützender Beziehungen ist bei der Wiederherstellung der Würde entscheidend. Das Umgeben von fürsorglichen, empathischen und respektvollen Personen hilft dabei, die negativen Auswirkungen früherer missbräuchlicher

Beziehungen auszugleichen. Positive Beziehungen bieten Möglichkeiten für gesunde Verbindungen, Bestätigung und die Erfahrung, mit Würde und Respekt behandelt zu werden.

Engagement in bedeutsamen Aktivitäten

Die Teilnahme an bedeutsamen Aktivitäten, die mit persönlichen Werten, Interessen und Zielen in Einklang stehen, trägt zur Wiederherstellung der Würde bei. Die Teilnahme an Aktivitäten, die persönliches Wachstum, Kreativität, Gemeinschaftsengagement oder Beitrag für andere fördern, hilft den Personen, ein Gefühl von Zweckmäßigkeit, Selbstachtung und eine positive Identität jenseits ihrer Erfahrungen von Missbrauch zurückzugewinnen.

Professionelle Unterstützung: Beratung und Therapie

Beratung und Therapie, die darauf abzielen, die spezifischen Bedürfnisse von Personen, die Missbrauch erlebt haben, anzusprechen, können dabei helfen, den Weg zum Wiederaufbau von Vertrauen und zur Wiederherstellung der Würde zu unterstützen. Therapeuten mit Erfahrung in Trauma- und missbrauchsbezogenen Themen bieten einen sicheren und unterstützenden Raum, um die Auswirkungen von Missbrauch zu erkunden, Emotionen zu verarbeiten, Bewältigungsstrategien zu entwickeln und Widerstandsfähigkeit zu kultivieren.

Unterstützungsgruppen

Die Teilnahme an speziell für Missbrauchsüberlebende konzipierten Unterstützungsgruppen kann den Personen ein Gefühl von Gemeinschaft, Bestätigung und geteilten Erfahrungen vermitteln. Unterstützungsgruppen bieten Möglichkeiten, sich mit anderen zu verbinden, die ähnliche Herausforderungen durchgemacht haben, Unterstützung zu erhalten und voneinander zu lernen auf ihrem Weg, Vertrauen zurückzugewinnen und die Würde wiederherzustellen.

Der Wiederaufbau von Vertrauen und die Wiederherstellung der Würde sind wesentliche Bestandteile des Heilungsprozesses für Personen, die Missbrauch erlebt haben.

Die Schaffung einer sicheren und unterstützenden Umgebung, die Förderung konsistenter und vertrauenswürdiger Verhaltensweisen, die Ermutigung zur offenen Kommunikation und die Teilnahme an vertrauensbildenden Aktivitäten erleichtern die allmähliche Wiederherstellung des Vertrauens. Ebenso tragen die Bestätigung von Erfahrungen, die Ermächtigung von Personen, die Übernahme eines trauma-informierten Ansatzes, die Förderung von Selbstfürsorge und Selbstmitgefühl, der Aufbau positiver Beziehungen und der Zugang zu professioneller Unterstützung zur Wiederherstellung der Würde bei. Indem wir den inhärenten Wert und die Widerstandsfähigkeit von Personen, die Missbrauch erlebt haben, anerkennen und die notwendige Unterstützung und Interventionen bieten, können wir ihnen dabei helfen, Vertrauen in andere und sich selbst wiederzugewinnen, ihre Würde zurückzugewinnen und auf eine Zukunft der Heilung und des persönlichen Wachstums zuzugehen.

KAPITEL 10
Eine Bessere Zukunft Schaffen: Advocacy und Politikänderungen

In diesem Kapitel werden wir die Bedeutung von Advocacy und Politikänderungen für die Schaffung einer besseren Zukunft für Personen untersuchen, die Missbrauch erlebt haben. Advocacy beinhaltet die Sensibilisierung, Förderung von Veränderungen und Einflussnahme auf Richtlinien und Praktiken, um Missbrauch zu verhindern, Überlebende zu schützen und ihren Zugang zur Justiz und Unterstützung sicherzustellen. Politikänderungen sind entscheidend, um rechtliche Rahmenbedingungen, Leitlinien und Ressourcen zu schaffen, die die Rechte, Sicherheit und das Wohlbefinden von Missbrauchsüberlebenden priorisieren. Dieses Kapitel wird die Bedeutung von Advocacy und Politikänderungen, die Schlüsselbereiche, die Aufmerksamkeit erfordern, und die Strategien zur Schaffung einer besseren Zukunft für Überlebende vertiefen.

Sensibilisierung erhöhen

Advocacy-Bemühungen müssen mit der Sensibilisierung für die Verbreitung und Auswirkungen von Missbrauch beginnen. Durch die Verbreitung von Informationen durch Kampagnen, Gemeindeveranstaltungen, Bildungsprogramme und Medienplattformen kann das Bewusstsein in der breiten Öffentlichkeit, bei Fachleuten und politischen Entscheidungsträgern gesteigert werden. Die Sensibilisierung hilft, den Stigma um

Missbrauch zu bekämpfen, fördert einen offenen Dialog und unterstützt eine Kultur der Unterstützung und Verantwortlichkeit.

Präventionsstrategien

Advocacy sollte darauf abzielen, Präventionsstrategien umzusetzen, um die Ursachen von Missbrauch anzugehen. Präventionsbemühungen können Folgendes umfassen:

Bildung und Schulung

Förderung von Bildungs- und Schulungsprogrammen, die Individuen, Fachleute und Gemeinschaften mit Wissen über Missbrauch, dessen Warnzeichen und Präventionsstrategien ausstatten. Dazu gehören Schulungen für Gesundheitsdienstleister, Pädagogen, Strafverfolgungsbeamte und Gemeindeleiter.

Förderung gesunder Beziehungen

Förderung gesunder Beziehungsdynamiken, Zustimmung, Empathie und Respekt durch Sensibilisierungskampagnen, Bildungspläne und Gemeinschaftsinitiativen. Die Förderung gesunder Beziehungen verringert die Wahrscheinlichkeit von Missbrauch und fördert eine Kultur des Respekts und der Gleichberechtigung.

Frühinterventionsprogramme

Implementierung von Frühinterventionsprogrammen, die Risikofaktoren identifizieren und ansprechen, Unterstützungsdienste bereitstellen und Individuen befähigen, in Missbrauchsfälle einzugreifen und diese zu melden. Diese Programme können in Schulen, Arbeitsplätzen, Gesundheitseinrichtungen und Gemeindeorganisationen umgesetzt werden.

Unterstützung von Überlebenden und Zugang zur Justiz

Advocacy-Bemühungen müssen die Unterstützung von Überlebenden und den Zugang zur Justiz priorisieren und sicherstellen, dass Überlebende die notwendigen Ressourcen, Dienstleistungen und rechtlichen Schutzmaßnahmen haben, um Gerechtigkeit zu suchen und ihr Leben wieder aufzubauen. Schlüsselbereiche sind:

Unterstützungsdienste

Eintreten für zugängliche und umfassende Unterstützungsdienste wie Beratung, medizinische Versorgung, Krisenhotlines und Unterkunftsoptionen. Diese Dienste sollten auf die besonderen Bedürfnisse von Missbrauchsüberlebenden abgestimmt sein, einschließlich kultursensibler und traumainformierter Ansätze.

Rechtliche Reformen

Eintreten für rechtliche Reformen, die den rechtlichen Schutz von Missbrauchsüberlebenden verbessern, einschließlich strengerer Gesetzgebung, vereinfachter Meldeverfahren und spezialisierter Gerichte oder rechtlicher Dienstleistungen, die sich mit Missbrauchsfällen befassen. Rechtliche Reformen sollten die Sicherheit der Überlebenden, Vertraulichkeit und ihre Rechte während des rechtlichen Verfahrens priorisieren.

Stärkung der Stimmen der Überlebenden

Eintreten dafür, dass die Stimmen der Überlebenden in allen Phasen des Justizsystems gehört und respektiert werden. Dazu gehört die Schaffung von Möglichkeiten für Überlebende, ihre Erfahrungen zu teilen, an politischen Diskussionen teilzunehmen und zur Entwicklung von Richtlinien und Praktiken beizutragen.

Gemeinsame Bemühungen

Zusammenarbeit mit Rechtsexperten, Opferberatern, Gesundheitsdienstleistern, Sozialdiensten und Gemeindeorganisationen, um einen koordinierten und multidisziplinären Ansatz zur Unterstützung von Überlebenden und zum Zugang zur Justiz sicherzustellen. Die Zusammenarbeit fördert umfassende Betreuung, Informationsaustausch und effiziente Dienstleistungsangebote.

Finanzierung und Ressourcen

Advocacy umfasst das Eintreten für eine erhöhte Finanzierung und Ressourcen zur Unterstützung von Missbrauchsverhütung, Unterstützungsdiensten für Überlebende, Forschung und Schulungsinitiativen. Eine angemessene Finanzierung gewährleistet die Verfügbarkeit von qualitativ hochwertigen Dienstleistungen, verbessert die Präventionsbemühungen und unterstützt innovative Ansätze zur Bekämpfung von Missbrauch.

Politikänderungen

Advocacy-Bemühungen sollten darauf abzielen, Politikänderungen auf verschiedenen Ebenen zu beeinflussen, einschließlich lokaler, nationaler und internationaler Ebenen. Schlüsseländerungen in der Politik können Folgendes umfassen:

Stärkung von Gesetzen und Vorschriften

Eintreten für die Entwicklung und Stärkung von Gesetzen und Vorschriften, die Missbrauch kriminalisieren, klare Richtlinien für die Meldung und Untersuchung festlegen und umfassende Schutzmaßnahmen für Überlebende bieten.

Meldewesen

Eintreten für die Einführung von Meldepflichtgesetzen in verschiedenen Sektoren wie Gesundheitswesen, Bildung und Sozialdienste, um sicherzustellen, dass Missbrauch schnell gemeldet wird und angemessene Interventionen umgesetzt werden.

Verbesserte Schulung und Standards

Eintreten für verbesserte Schulungsprogramme und Standards für Fachleute, die mit Missbrauchsüberlebenden arbeiten, wie Gesundheitsdienstleister, Strafverfolgungsbeamte und Sozialarbeiter. Die Schulungen sollten sich auf das Erkennen und Reagieren auf Missbrauch, traumainformierte Ansätze und interkulturelle Kompetenz konzentrieren.

Kollaborative Richtlinien

Eintreten für Richtlinien, die die Zusammenarbeit zwischen verschiedenen Sektoren wie Gesundheitswesen, Rechtswesen und Sozialdiensten fördern, um eine koordinierte Reaktion auf Missbrauchsfälle sicherzustellen. Dies umfasst die Einrichtung multidisziplinärer Teams, Protokolle zum Informationsaustausch und zwischenbehördliche Zusammenarbeit.

Datenerfassung und Forschung

Eintreten für die umfassende Erfassung von Daten über den Missbrauch älterer Menschen, einschließlich Prävalenzraten, Risikofaktoren und Auswirkungen. Diese Daten können politische Entscheidungen, Ressourcenallokation und die Entwicklung evidenzbasierter Interventionen informieren.

Advocacy und Politikänderungen spielen eine entscheidende Rolle bei der Schaffung einer besseren Zukunft für Personen, die

Missbrauch erlebt haben. Durch Sensibilisierung, Umsetzung von Präventionsstrategien, Priorisierung der Unterstützung von Überlebenden und Zugang zur Justiz, Einsatz für Finanzierung und Ressourcen sowie Beeinflussung von Politikänderungen können Befürworter eine Kultur der Verantwortlichkeit, Prävention und Unterstützung fördern. Durch gemeinsame Anstrengungen und Fokus auf die Stärkung der Überlebenden kann Advocacy zu einer Gesellschaft beitragen, in der Missbrauch verhindert wird, Überlebende unterstützt werden und die Rechte und Würde aller Individuen gewahrt werden. Eine bessere Zukunft erfordert kontinuierliches Engagement, Zusammenarbeit und kollektive Anstrengungen, um eine sinnvolle Veränderung herbeizuführen und eine sicherere und gerechtere Gesellschaft für alle zu gewährleisten.

Legislative Bemühungen zur Bekämpfung von Misshandlung älterer Menschen

Legislative Bemühungen zur Bekämpfung von Misshandlung älterer Menschen sind entscheidend für die Schaffung rechtlicher Rahmenbedingungen und Schutzmaßnahmen, um Misshandlung gegen ältere Menschen zu verhindern, aufzudecken und darauf zu reagieren. Die Gesetzgebung spielt eine wichtige Rolle dabei, Täter zur Rechenschaft zu ziehen, den Zugang zur Justiz für Überlebende sicherzustellen und Ressourcen und Unterstützung für Präventions- und Interventionsmaßnahmen bereitzustellen. In diesem Abschnitt werden wir die Bedeutung von legislativen Bemühungen, Schlüsselbereiche des Fokus und spezifische gesetzgeberische Maßnahmen zur Bekämpfung von Misshandlung älterer Menschen erkunden.

Bedeutung von Legislative Bemühungen

Legislative Bemühungen sind entscheidend für die Bekämpfung von Misshandlung älterer Menschen aus mehreren Gründen:

Etablierung von Rechtsschutz

Die Gesetzgebung definiert und etabliert rechtliche Schutzmaßnahmen für ältere Menschen, um sicherzustellen, dass ihre Rechte geschützt sind und dass Täter für ihre Handlungen zur Verantwortung gezogen werden können. Durch klare Definitionen verschiedener Formen von Misshandlung älterer Menschen können Gesetzgeber eine Grundlage für wirksame Präventions- und Interventionsstrategien schaffen.

Förderung von Prävention und Bildung

Die Gesetzgebung kann die Entwicklung und Umsetzung von Präventionsprogrammen und Bildungsinitiativen erleichtern. Durch die Gesetzgebung können Regierungen Ressourcen zuweisen, Leitlinien festlegen und Bildungskampagnen vorschreiben, die darauf abzielen, das Bewusstsein für Misshandlung älterer Menschen zu schärfen, gesundes Altern zu fördern und Menschen mit Wissen und Fähigkeiten auszustatten, um Misshandlung zu verhindern.

Verbesserung der Meldung und Untersuchung

Legislative Bemühungen können die Meldungs- und Untersuchungsprozesse vereinfachen und optimieren, um es Individuen zu erleichtern, Misshandlung zu melden, und den Behörden, Fälle zu untersuchen. Durch die Implementierung von Meldungspflichtgesetzen und die Festlegung von Protokollen für die zwischenbehördliche Zusammenarbeit stellt die Gesetzgebung sicher, dass Misshandlung prompt gemeldet und angegangen wird.

Verbesserung von Unterstützungsdiensten

Die Gesetzgebung kann den Rahmen für die Einrichtung und Finanzierung von Unterstützungsdiensten für Überlebende von Misshandlung älterer Menschen bieten. Dies umfasst die Finanzierung von Beratung, Notunterkünften, rechtlicher Unterstützung und Opferberatungsdiensten. Gesetzgeberische Maßnahmen können auch Barrieren für den Zugang zu Dienstleistungen angehen, wie Transport, Sprache oder kulturelle Barrieren, um sicherzustellen, dass Unterstützung allen Überlebenden zugänglich ist.

Erweiterung von Rechtsmittel

Legislative Bemühungen können die Rechtsmittel für Überlebende von Misshandlung älterer Menschen erweitern, wie zum Beispiel einstweilige Verfügungen, Schutzanordnungen und Notvormundschaft. Diese Maßnahmen sollen sofortigen Schutz für Überlebende bieten und sie dazu befähigen, rechtliche Schritte gegen ihre Misshandler zu unternehmen.

Schlüsselbereiche des Fokus für Legislative Bemühungen

Legislative Bemühungen zur Bekämpfung von Misshandlung älterer Menschen sollten sich auf die folgenden Schlüsselbereiche des Fokus konzentrieren:

Definitionen und Klassifikationen

Die Gesetzgebung sollte klare Definitionen und Klassifikationen verschiedener Formen von Misshandlung älterer Menschen bereitstellen, einschließlich physischer, emotionaler, sexueller und finanzieller Misshandlung sowie Vernachlässigung und Selbstvernachlässigung. Klare Definitionen helfen Fachleuten und der Öffentlichkeit, den Umfang von Misshandlung zu verstehen und angemessene Reaktionen zu erleichtern.

Meldung und Meldungspflichtige Gesetze

Die Gesetzgebung sollte Meldungspflichten für Fachleute etablieren, die eng mit älteren Menschen zusammenarbeiten, wie Gesundheitsdienstleister, Sozialarbeiter und Finanzinstitutionen. Meldungspflichtige Gesetze stellen sicher, dass Misshandlung prompt gemeldet wird und dass Fachleute ihre rechtlichen Verpflichtungen erfüllen, um ältere Menschen zu schützen. Rechtsschutz und Strafen

Die Gesetzgebung sollte rechtlichen Schutz für ältere Menschen etablieren, einschließlich verschärfter Strafen für Täter von Misshandlung älterer Menschen. Diese Schutzmaßnahmen können die Kriminalisierung bestimmter Misshandlungsakte umfassen, zivilrechtliche Mittel für Überlebende etablieren und Sanktionen gegen Institutionen verhängen, die es versäumen, ältere Menschen vor Misshandlung zu schützen.

Unterstützungsdienste und Ressourcen

Die Gesetzgebung sollte Mittel und Ressourcen für Unterstützungsdienste bereitstellen, die speziell für Überlebende von Misshandlung älterer Menschen konzipiert sind. Dies beinhaltet die Finanzierung von Beratung, Notunterkünften, rechtlicher Unterstützung und Finanzhilfe-Programmen. Gesetzgeberische Bemühungen sollten auch kultursensible und trauma-informierte Dienste priorisieren, die auf die einzigartigen Bedürfnisse älterer Überlebender eingehen.

Spezifische gesetzliche Maßnahmen zur Bekämpfung von Misshandlung älterer Menschen

Legislative Bemühungen zur Bekämpfung von Misshandlung älterer Menschen können eine Reihe von spezifischen Maßnahmen umfassen, wie zum Beispiel

Programme zur Prävention von Misshandlung älterer Menschen und zur Sensibilisierung

Die Gesetzgebung kann die Entwicklung und Umsetzung von Programmen zur Prävention von Misshandlung älterer Menschen und zur Sensibilisierung vorschreiben, einschließlich Bildungskampagnen, Gemeinde-Aufklärungsinitiativen und Schulungen für Fachleute, die mit älteren Menschen arbeiten.

Reformen im Bereich Vormundschaft und Pflegschaft

Die Gesetzgebung kann Leitlinien und Überwachungsmechanismen für Vormundschaften und Pflegschaften etablieren, um Misshandlung und Ausbeutung zu verhindern. Reformen können Hintergrundüberprüfungen für potenzielle Vormunde, regelmäßige Überwachung der Aktivitäten von Vormunden und Mechanismen zur Entfernung von misshandelnden oder nachlässigen Vormunden umfassen.

Verpflichtende Hintergrundüberprüfungen

Die Gesetzgebung kann verpflichtende Hintergrundüberprüfungen für Personen vorschreiben, die in Positionen des Vertrauens und der Verantwortung arbeiten, wie Betreuer, Mitarbeiter von Altenheimen und Mitarbeiter von häuslichen Pflegeagenturen. Hintergrundüberprüfungen helfen dabei, Personen mit einer Geschichte von Misshandlung oder

Vernachlässigung zu identifizieren und ihre Beschäftigung in Positionen zu verhindern, die Pflegeverantwortung beinhalten.

Finanzieller Schutz

Die Gesetzgebung kann den finanziellen Schutz älterer Menschen stärken, indem sie finanzielle Ausbeutung kriminalisiert, Regelungen zur Vollmacht reguliert und Mechanismen für die Meldung und Untersuchung von Finanzmisshandlungsfällen etabliert. Diese Maßnahmen zielen darauf ab, finanzielle Misshandlung zu verhindern und rechtliche Schritte für Überlebende zu ermöglichen.

Zusammenarbeit und Koordination

Die Gesetzgebung kann die Zusammenarbeit und Koordination zwischen verschiedenen Behörden und Sektoren fördern, die in der Prävention und Bekämpfung von Misshandlung älterer Menschen involviert sind. Dies beinhaltet die Etablierung von multidisziplinären Teams, Informationsaustauschprotokollen und interinstitutioneller Zusammenarbeit, um eine koordinierte Reaktion auf Misshandlungsfälle zu gewährleisten.

Legislative Bemühungen sind entscheidend für die Bekämpfung von Misshandlung älterer Menschen und den Schutz der Rechte und des Wohlergehens älterer Erwachsener. Durch die Etablierung rechtlicher Schutzmaßnahmen, die Förderung von Prävention und Bildung, die Verbesserung der Meldungs- und Untersuchungsprozesse, die Verbesserung von Unterstützungsdiensten und die Ausweitung der rechtlichen Mittel schafft die Gesetzgebung einen Rahmen für wirksame Prävention, Intervention und Gerechtigkeit für Überlebende von Misshandlung älterer Menschen. Legislative Maßnahmen sollten die einzigartigen

Bedürfnisse älterer Menschen, kultursensible Ansätze und traumainformierte Methoden priorisieren. Durch robuste legislative Bemühungen und anhaltendes Engagement im Kampf gegen Misshandlung älterer Menschen können Gesellschaften daran arbeiten, sicherere Umgebungen zu schaffen und eine hellere Zukunft für ältere Erwachsene zu gestalten.

Die Stärkung von Einrichtungen zum Schutz älterer Menschen und der

Die Stärkung von Einrichtungen zum Schutz älterer Menschen und der Strafverfolgungsbehörden ist entscheidend, um Misshandlung älterer Menschen effektiv zu bekämpfen und die Sicherheit und das Wohlergehen älterer Erwachsener zu gewährleisten. Einrichtungen zum Schutz älterer Menschen und die Strafverfolgungsbehörden spielen eine entscheidende Rolle bei der Verhinderung von Misshandlung, der Untersuchung gemeldeter Fälle und der Bereitstellung von Unterstützung und Gerechtigkeit für Überlebende von Misshandlung älterer Menschen. In diesem Abschnitt werden wir die Bedeutung der Stärkung dieser Einrichtungen, Schwerpunktbereiche und Strategien zur Verbesserung ihrer Effektivität bei der Bekämpfung von Misshandlung älterer Menschen untersuchen.

Bedeutung der Stärkung von Einrichtungen zum Schutz älterer Menschen und der Strafverfolgungsbehörden: Prävention und Bildung

Starke Einrichtungen zum Schutz älterer Menschen und Strafverfolgungsbehörden können aktiv an Präventions- und Bildungsinitiativen teilnehmen. Sie können das Bewusstsein für Misshandlung älterer Menschen schärfen, Informationen über verfügbare Ressourcen und Unterstützungsdienste verbreiten und die Öffentlichkeit, Fachleute und ältere Menschen selbst darüber aufklären, wie sie Misshandlung erkennen und melden können. Präventionsmaßnahmen können dazu beitragen, Risikofaktoren anzugehen, eine frühzeitige Intervention zu fördern und eine Kultur der Verantwortlichkeit und des Respekts gegenüber älteren Menschen zu fördern.

Meldung und Untersuchung

Gestärkte Einrichtungen zum Schutz älterer Menschen und Strafverfolgungsbehörden können effiziente Systeme für die Meldung und Untersuchung von Misshandlungsfällen älterer Menschen etablieren. Die Vereinfachung der Meldungsprozesse, eine prompte Reaktion auf Meldungen und gründliche Untersuchungen sind entscheidend, um Täter zur Rechenschaft zu ziehen und Gerechtigkeit für Überlebende zu gewährleisten. Robuste Untersuchungstechniken, einschließlich spezialisierter Schulungen zur Misshandlung älterer Menschen, forensische Protokolle und Zusammenarbeit mit anderen Fachleuten, können die Effektivität von Untersuchungen erhöhen.

Unterstützung und Dienstleistungen

Starke Einrichtungen zum Schutz älterer Menschen können umfassende Unterstützungsdienste für Überlebende von Misshandlung älterer Menschen bereitstellen. Dies umfasst Krisenintervention, Beratung, rechtliche Unterstützung, Fallmanagement und Weitervermittlung an geeignete Ressourcen. Die Zusammenarbeit mit gemeinnützigen Organisationen, Gesundheitsdienstleistern und sozialen Diensten kann eine koordinierte Reaktion erleichtern und sicherstellen, dass Überlebende Zugang zu den notwendigen Unterstützungs- und Dienstleistungen haben, um ihre Genesung zu unterstützen.

Datenerfassung und Forschung

Die Stärkung von Einrichtungen zum Schutz älterer Menschen und Strafverfolgungsbehörden umfasst auch die Verbesserung von Datenerfassungs- und Forschungsaktivitäten. Die Erfassung genauer und umfassender Daten über die Verbreitung, Arten und Folgen von Misshandlung älterer Menschen kann politische Entscheidungen, die Zuweisung von Ressourcen und die Entwicklung gezielter Interventionen informieren. Forschung kann dazu beitragen, Risikofaktoren zu identifizieren, die Wirksamkeit von Präventionsprogrammen zu bewerten und zum allgemeinen Verständnis der Dynamik von Misshandlung älterer Menschen beitragen.

Schwerpunktbereiche für die Stärkung von Einrichtungen zum Schutz älterer Menschen und der Strafverfolgungsbehörden

Spezialisierte Schulungen

Die Bereitstellung spezialisierter Schulungen für Strafverfolgungsbeamte, Ermittler und Mitarbeiter von Einrichtungen zum Schutz älterer Menschen ist entscheidend. Schulungen sollten Themen wie das Erkennen von Anzeichen von Misshandlung, das Durchführen sensibler Interviews, trauma-informierte Ansätze und rechtliche Aspekte spezifisch für Misshandlungsfälle älterer Menschen abdecken. Eine kontinuierliche berufliche Weiterentwicklung gewährleistet, dass das Personal mit dem notwendigen Wissen und den erforderlichen Fähigkeiten ausgestattet ist, um effektiv auf Fälle von Misshandlung älterer Menschen zu reagieren.

Zusammenarbeit und multidisziplinärer Ansatz

Die Stärkung der Zusammenarbeit zwischen Einrichtungen zum Schutz älterer Menschen, Strafverfolgungsbehörden, Gesundheitsdienstleistern, sozialen Diensten und Rechtsexperten ist entscheidend. Die Etablierung multidisziplinärer Teams oder Task Forces kann den Informationsaustausch, gemeinsame Ermittlungen und koordinierte Reaktionen auf Fälle erleichtern. Dieser kooperative Ansatz gewährleistet, dass die einzigartigen Bedürfnisse von Überlebenden von Misshandlung älterer Menschen durch ein umfassendes und integriertes Versorgungssystem erfüllt werden.

Ressourcenzuweisung

Eine angemessene Ressourcenzuweisung ist entscheidend, um Einrichtungen zum Schutz älterer Menschen und Strafverfolgungsbehörden zu stärken. Dies umfasst die Finanzierung von Schulungen für das Personal, spezialisierten Einheiten oder Abteilungen, die sich auf Misshandlung älterer Menschen konzentrieren, technologische Ressourcen für Datenmanagement und -analyse sowie Unterstützungsdienste für Überlebende. Ausreichende Ressourcen ermöglichen es den Behörden und der Strafverfolgung, ihre Aufgaben effektiv und effizient durchzuführen.

Öffentlich-private Partnerschaften

Die Zusammenarbeit mit privaten Einrichtungen wie Finanzinstituten, Unternehmen und gemeinnützigen Organisationen kann die Bemühungen zum Schutz älterer Menschen stärken. Partnerschaften können Schulungsprogramme, Aufklärungskampagnen, finanzielle Bildungsinitiativen und die

Zusammenarbeit bei der Meldung und Untersuchung von Fällen von finanzieller Ausbeutung umfassen. Durch die Zusammenarbeit können der öffentliche und der private Sektor ihre Wirkung bei der Sicherung älterer Erwachsener maximieren.

Strategien zur Steigerung der Effektivität

Kampagnen zur öffentlichen Aufklärung: Einrichtungen zum Schutz älterer Menschen und Strafverfolgungsbehörden können öffentliche Aufklärungskampagnen durchführen, um die Gemeinschaft über Misshandlung älterer Menschen, ihre Anzeichen und die Bedeutung der Meldung aufzuklären. Diese Kampagnen können auch die Zusammenarbeit zwischen den Behörden und den Gemeindemitgliedern zur Verhinderung und Bekämpfung von Misshandlung älterer Menschen fördern.

Community Engagement

Die Stärkung der Beziehungen zu Gemeinschaftsorganisationen, Interessenverbänden und lokalen Interessengruppen ist entscheidend. Regelmäßige Zusammenarbeit mit diesen Einrichtungen fördert die Unterstützung der Gemeinschaft, fördert den Austausch von Informationen und verbessert die Zusammenarbeit bei der Bekämpfung von Misshandlung älterer Menschen.

Technologische Fortschritte

Die Annahme technologischer Fortschritte kann die Effizienz und Effektivität von Einrichtungen zum Schutz älterer Menschen und Strafverfolgungsbehörden verbessern. Dazu gehören die Implementierung digitaler Meldesysteme, die Nutzung von Datenanalyse zur Identifizierung von Trends und Mustern sowie die Nutzung von Online-Plattformen für Bildungsressourcen und Aufklärungskampagnen.

Legislative Unterstützung

Die Förderung legislativer Unterstützung ist entscheidend, um die Bemühungen zum Schutz älterer Menschen zu stärken. Dies umfasst die Förderung dedizierter Finanzmittel, erweiterter rechtlicher Schutzmaßnahmen und die Entwicklung spezifischer Gesetzgebung zur Bewältigung neuer Herausforderungen bei Misshandlung älterer Menschen. Die Stärkung von Einrichtungen zum Schutz älterer Menschen und der Strafverfolgungsbehörden ist entscheidend, um Misshandlung älterer Menschen effektiv zu bekämpfen und die Sicherheit und das Wohlergehen älterer Erwachsener zu gewährleisten. Durch die Schwerpunktsetzung auf Prävention, effiziente Meldung und Untersuchung, umfassende Unterstützungsdienste und umfassende Datenerfassung können diese Einrichtungen zu einer Gesellschaft beitragen, in der ältere Erwachsene geschützt sind und Misshandlung verhindert wird. Zusammenarbeit, spezialisierte Schulungen, Ressourcenzuweisung, öffentlich-private Partnerschaften und legislative Unterstützung sind Schlüsselstrategien, um die Effektivität von Einrichtungen zum Schutz älterer Menschen und Strafverfolgungsbehörden zu steigern. Gemeinsam schaffen diese Bemühungen ein stärkeres und reaktionsschnelleres System, das ältere Erwachsene stärkt, Täter zur Verantwortung zieht und eine Kultur des Respekts und der Würde für ältere Menschen fördert.

Förderung systemischer Veränderungen in der Altenpflege

Die Förderung systemischer Veränderungen in der Altenpflege ist entscheidend, um das Wohlergehen, die Sicherheit und die Würde älterer Erwachsener zu gewährleisten. Systemische

Veränderungen beinhalten die Anpassung der zugrunde liegenden Strukturen, Richtlinien und Praktiken im Altenpflegesystem, um einen stärker personenzentrierten, inklusiven und umfassenden Ansatz zur Pflege zu schaffen. In diesem Abschnitt werden wir die Bedeutung systemischer Veränderungen in der Altenpflege, die wichtigsten Bereiche, die Aufmerksamkeit erfordern, und Strategien zur Förderung dieser Veränderungen untersuchen.

Bedeutung systemischer Veränderungen in der Altenpflege

Personenzentrierte Pflege: Systemische Veränderungen zielen darauf ab, den Fokus der Altenpflege von einem Einheitsansatz auf personenzentrierte Pflege zu verlagern. Dieser Ansatz erkennt die Individualität, Präferenzen und Bedürfnisse älterer Erwachsener an und fördert ihre aktive Beteiligung an Entscheidungsfindung, Pflegeplanung und Zielsetzung. Personenzentrierte Pflege verbessert die Lebensqualität, Autonomie und Würde älterer Erwachsener.

Prävention von Missbrauch und Vernachlässigung

Systemische Veränderungen können Maßnahmen zur Prävention von Missbrauch, Vernachlässigung und Ausbeutung im Altenpflegesystem stärken. Dies umfasst die Durchführung strenger Hintergrundüberprüfungen für Pflegekräfte, die Sicherstellung angemessener Personalausstattung, die Etablierung umfassender Schulungsprogramme und die Verbesserung von Überwachungs- und Kontrollmechanismen. Durch Priorisierung der Prävention fördern systemische Veränderungen eine sichere und geschützte Umgebung für ältere Erwachsene.

Integration von Gesundheits- und Sozialdiensten

Systemische Veränderungen zielen darauf ab, Gesundheits- und Sozialdienste zu integrieren, um eine ganzheitliche und koordinierte Unterstützung für ältere Erwachsene zu bieten. Dies beinhaltet den Abbau von Barrieren zwischen verschiedenen Dienstleistungsanbietern wie Gesundheitsfachleuten, Sozialarbeitern und Gemeindeorganisationen, um eine nahtlose Bereitstellung von Pflege zu gewährleisten. Integrierte Pflege verbessert Ergebnisse, reduziert Fragmentierung und erhöht das allgemeine Wohlbefinden älterer Erwachsener.

Unterstützung und Schulung von Pflegekräften

Systemische Veränderungen erkennen die Bedeutung der Unterstützung und Schulung von Pflegekräften an. Dies beinhaltet die Bereitstellung der notwendigen Ressourcen, Bildung und Schulung für Pflegekräfte, um ihre Fähigkeiten, ihr Wissen und ihr Wohlbefinden zu verbessern. Unterstützungsmaßnahmen für Pflegekräfte wie Entlastungspflege, Beratungsdienste und finanzielle Unterstützung können die Belastung der Pflegekräfte verringern und eine qualitativ hochwertige Pflege für ältere Erwachsene fördern.

Bereiche, die systemische Veränderungen erfordern:

Personalentwicklung

Systemische Veränderungen sollten sich auf die Personalentwicklung im Altenpflegesektor konzentrieren. Dies beinhaltet die Gewinnung und Bindung von qualifizierten Fachkräften, die Sicherstellung angemessener Personalausstattung, die Bereitstellung wettbewerbsfähiger Gehälter und Leistungen sowie die Bereitstellung kontinuierlicher Schulungs- und beruflicher

Entwicklungsmöglichkeiten. Eine gut ausgebildete und unterstützte Arbeitskraft ist entscheidend für die Bereitstellung hochwertiger Pflege für ältere Erwachsene.

Aging in Place

Systemische Veränderungen sollten das Konzept des "Aging in Place" unterstützen, das älteren Erwachsenen ermöglicht, so lange wie möglich unabhängig in ihren eigenen Häusern oder Gemeinschaften zu leben. Dies beinhaltet Investitionen in häusliche und gemeindebasierte Dienste, Verbesserungen der Zugänglichkeit und Sicherheitsanpassungen sowie die Förderung sozialer Verbindungen und Unterstützungsnetzwerke. Das "Aging in Place" erhöht die Autonomie, die soziale Teilhabe und das allgemeine Wohlbefinden älterer Erwachsener.

Technologie und Innovation

Systemische Veränderungen sollten die Nutzung von Technologie und Innovation zur Verbesserung der Altenpflege einschließen. Dies beinhaltet die Implementierung elektronischer Gesundheitsakten, Telehealth-Dienste, unterstützende Technologien und Fernüberwachungssysteme. Technologie kann die Kommunikation, die Koordination der Pflege, den Zugang zu Diensten und die Gesundheitsergebnisse älterer Erwachsener verbessern.

Fürsprechen und politische Reformen

Systemische Veränderungen erfordern Fürsprechen und politische Reformen auf lokaler, nationaler und internationaler Ebene. Bemühungen des Fürsprechens sollten sich auf die Bedürfnisse und Rechte älterer Erwachsener konzentrieren, personenzentrierte Pflege fördern und politische Entscheidungen beeinflussen, um Ressourcen zuzuweisen und die Altenpflege zu priorisieren. Politische Reformen sollten Lücken und Inkonsistenzen in den Vorschriften angehen, bewährte Praktiken fördern und den Schutz der Rechte und des Wohlbefindens älterer Erwachsener sicherstellen.

Strategien zur Förderung systemischer Veränderungen Zusammenarbeit und Partnerschaften

Die Förderung systemischer Veränderungen erfordert die

Gemeinsam Stellung beziehen - Ein Aufruf zum Handeln

Im Verlauf dieses Buches haben wir uns mit den verborgenen Schrecken des Missbrauchs älterer Menschen auseinandergesetzt und seine verschiedenen Formen aufgedeckt, um den verwundbaren Zustand unserer Angehörigen ins Licht zu rücken. Wir haben die Bedeutung erörtert, die Anzeichen zu erkennen, die Profile von Tätern zu verstehen und die anfälligen Umgebungen für Missbrauch aufzudecken. Wir haben die Wichtigkeit betont, Missbrauch zu melden, einzugreifen und die rechtlichen Rahmenbedingungen zum Schutz von Senioren aufzudecken. Wir haben präventive Maßnahmen besprochen, die Stärkung von Pflegepersonen, die Rehabilitation von Missbrauchsüberlebenden und die Notwendigkeit von systemischen Veränderungen in der Seniorenbetreuung. Nun, da wir diese Reise abschließen, stehen wir vor einem Aufruf zum Handeln - einem Aufruf, gemeinsam gegen den Missbrauch älterer Menschen Stellung zu beziehen.

Der Missbrauch älterer Menschen ist kein isoliertes Problem;

es handelt sich um ein gesellschaftliches Problem, das eine gemeinsame Antwort erfordert. Jeder von uns hat eine Rolle dabei, eine sicherere und respektvollere Umgebung für unsere Angehörigen im Alter zu schaffen. Es reicht nicht aus, sich des Problems bewusst zu sein; wir müssen uns aktiv an Präventions-, Interventions- und Advocacy-Maßnahmen beteiligen. Es ist an der Zeit, Verantwortung zu übernehmen, unsere Stimmen zu erheben und einen Unterschied zu machen.

Gegen den Missbrauch älterer Menschen Stellung zu beziehen, beginnt mit Bildung und Bewusstsein. Wir müssen uns selbst und andere über die Anzeichen von Missbrauch, die Rechte älterer Menschen und die verfügbaren Ressourcen zur Unterstützung informieren. Indem wir durch Gemeindeveranstaltungen, Bildungsprogramme und Medienplattformen Aufklärung betreiben, können wir Einzelpersonen befähigen, Missbrauch zu erkennen und zu melden, und somit eine Kultur der Wachsamkeit und Rechenschaftspflicht fördern.

Den Missbrauch zu melden und in Verdachtsfällen einzugreifen, sind entscheidende Schritte zum Schutz unserer Angehörigen. Wir müssen eine Gesellschaft fördern, die das Wohlergehen und die Sicherheit älterer Menschen priorisiert, indem wir gesetzliche Meldepflichten befürworten, Fachleute im Erkennen von Missbrauch schulen und klare Protokolle für Interventionen festlegen. Durch die Schaffung einer unterstützenden Umgebung, die Einzelpersonen dazu ermutigt, sich zu äußern, können wir das Schweigen um den Missbrauch älterer Menschen brechen und sicherstellen, dass jeder Fall gründlich untersucht und angegangen wird.

Advocacy ist ein weiterer wichtiger Aspekt im Kampf gegen den Missbrauch älterer Menschen. Wir müssen uns für politische Veränderungen einsetzen, die den rechtlichen Schutz stärken,

Unterstützungsdienste verbessern und Ressourcen für Präventions- und Interventionsinitiativen bereitstellen. Dies erfordert die Zusammenarbeit mit politischen Entscheidungsträgern, die Teilnahme an öffentlichen Konsultationen und die Unterstützung von Advocacy-Organisationen. Gemeinsam können wir Gesetzgebungen beeinflussen, systemische Veränderungen vorantreiben und sicherstellen, dass der Missbrauch älterer Menschen eine hohe Priorität auf der öffentlichen Agenda hat.

Die Unterstützung von Pflegepersonen ist ein integraler Bestandteil der Bewältigung von Missbrauch älterer Menschen.

Pflegepersonen spielen eine bedeutende Rolle im Leben älterer Menschen, und ihr Wohlbefinden hat direkten Einfluss auf die Qualität der Pflege. Wir müssen uns für Programme zur Unterstützung von Pflegepersonen, Zugang zu Schulungen und Entlastungsdiensten sowie Anerkennung ihres unschätzbaren Beitrags einsetzen. Indem wir Pflegepersonen die notwendigen Ressourcen und Unterstützung bieten, können wir Stress reduzieren, Überlastung verhindern und hochwertige Pflege für ältere Menschen fördern.

Eine bessere Zukunft für unsere Angehörigen erfordert systemische Veränderungen in der Seniorenbetreuung. Wir müssen uns für eine personenzentrierte Betreuung einsetzen, die die Individualität, Vorlieben und Bedürfnisse älterer Menschen respektiert. Dies schließt die Integration von Gesundheits- und Sozialdiensten, die Nutzung technologischer Fortschritte, die Förderung des Alterns am gewohnten Ort und die Sicherstellung einer gut ausgebildeten und unterstützten Arbeitskraft ein. Durch die Zusammenarbeit von Regierungsbehörden, Gesundheitsdienstleistern, sozialen Dienstleistungsorganisationen und älteren Menschen selbst können wir die notwendigen Veränderungen vorantreiben und ein System der Seniorenbetreuung aufbauen, das die ältere Bevölkerung wirklich wertschätzt und respektiert.

Abschließend ist der Kampf gegen den Missbrauch älterer Menschen kein einfacher, aber ein Kampf, den wir gemeinsam führen müssen. Es ist ein Kampf, der unsere unerschütterliche Hingabe, Mitgefühl und gemeinsame Aktion erfordert. Indem wir gegen den Missbrauch älterer Menschen Stellung beziehen, können wir die Würde, das Wohlbefinden und die Rechte unserer Angehörigen im Alter schützen. Lasst uns die Fürsprecher, die Pflegepersonen, die politischen Einflussnehmer und die Veränderungsagenten sein, die unsere älteren Menschen verdienen. Gemeinsam wollen wir eine Zukunft schaffen, in der der Missbrauch älterer Menschen ausgerottet ist und unsere Angehörigen mit dem Respekt, der Pflege und der Würde altern können, die sie verdienen.

Zusammenfassung der wichtigsten Erkenntnisse und Handlungspunkte

Im Verlauf dieses Buches haben wir uns mit den verborgenen Schrecken des Missbrauchs älterer Menschen auseinandergesetzt, verschiedene Formen aufgedeckt und Strategien zur Prävention, Intervention und Advocacy diskutiert. Zum Abschluss dieser Reise ist es wichtig, die wichtigsten Erkenntnisse und Handlungspunkte zusammenzufassen, die uns bei unseren Bemühungen zur effektiven Bekämpfung des Missbrauchs älterer Menschen leiten können. Indem wir diese Erkenntnisse und Handlungspunkte zusammenfassen, können wir unser Verständnis stärken und uns für die Schaffung einer sichereren und respektvolleren Umgebung für ältere Menschen engagieren.

Verständnis für den Missbrauch älterer Menschen

- Älterer Menschen umfasst verschiedene Formen des Missbrauchs, darunter physischen, emotionalen, sexuellen, finanziellen und Vernachlässigung.

- Es ist wesentlich, die Anzeichen von Missbrauch zu erkennen, wie unerklärliche Verletzungen, plötzliche Verhaltensänderungen, finanzielle Ausbeutung und soziale Isolation.

Statistiken und Verbreitung

- Der Missbrauch älterer Menschen ist ein weit verbreitetes Problem, das Millionen älterer Menschen weltweit betrifft.

- Die Anerkennung der Verbreitung von Missbrauch unterstreicht die Dringlichkeit und Bedeutung von Maßnahmen zur Prävention und Bekämpfung.

Faktoren, die zum Missbrauch älterer Menschen beitragen

- Mehrere Faktoren tragen zur Entstehung von Missbrauch bei älteren Menschen bei, darunter Altersdiskriminierung, Stress von Pflegepersonen, soziale Isolation sowie mangelndes Bewusstsein und Ressourcen.

- Die Identifizierung dieser Faktoren hilft uns, die zugrunde liegenden Ursachen anzugehen und gezielte Interventionen zu entwickeln.

Erkennen von Missbrauch bei unseren Angehörigen

- Kapitel 2 betonte die Bedeutung, die Anzeichen von Missbrauch zu erkennen, wie körperliche Verletzungen, emotionale

Belastung, plötzliche Verhaltensänderungen und finanzielle Ausbeutung.

• Durch Wachsamkeit und Beobachtung können wir Missbrauch identifizieren und angemessene Maßnahmen zum Schutz unserer Angehörigen ergreifen.

Profile der Täter

• Das Verständnis der Profile der Täter, darunter Pflegepersonen, Familienmitglieder und Institutionspersonal, hilft uns, potenzielle Risiken zu identifizieren und präventive Maßnahmen zu ergreifen.

• Durch die Erkennung von Warnsignalen wie einer Geschichte von Gewalt, Drogenmissbrauch oder finanziellen Schwierigkeiten können wir ältere Menschen vor möglichen Schäden schützen.

Anfällige Umgebungen für Missbrauch erkunden

• Pflegeheime, betreute Wohnanlagen, Pflegedienstleistungsagenturen und Familiendynamiken sind Umgebungen, die besondere Aufmerksamkeit erfordern, um Missbrauch zu verhindern.

• Systemische Veränderungen wie strengere Vorschriften, Schulungsprogramme und verbesserte Überwachung sind notwendig, um die Sicherheit und das Wohlergehen älterer Menschen in diesen Umgebungen zu gewährleisten.

Das Schweigen brechen

• Die Förderung von Meldungen und Interventionen ist entscheidend, um Missbrauch älterer Menschen effektiv anzugehen.

• Hindernisse für die Meldung überwinden, Eingreifen von unbeteiligten Personen fördern sowie Vertraulichkeit und rechtlichen Schutz für Hinweisgeber gewährleisten sind wesentliche Handlungspunkte.

Rechtliche Rahmenbedingungen und Rechte

- Das Verständnis der rechtlichen Rahmenbedingungen und Rechte älterer Menschen hilft uns, sich für stärkere Schutzmaßnahmen und Unterstützungsdienste einzusetzen.

- Gesetze und Vorschriften, die den Missbrauch älterer Menschen, die Vormundschaft, die Betreuung, Patientenverfügungen und Gesundheitsentscheidungen betreffen, sollten die Rechte und das Wohlergehen älterer Menschen priorisieren.

Präventivmaßnahmen

- Die Verhinderung von Missbrauch älterer Menschen erfordert Bildung, Aufklärungskampagnen, die Schaffung einer Kultur des Respekts und des Einfühlungsvermögens, den Aufbau starker Unterstützungsnetzwerke und die Stärkung von Pflegepersonen.

- Indem wir uns auf Prävention konzentrieren, können wir die zugrunde liegenden Faktoren, die zum Missbrauch beitragen, ansprechen und eine sicherere Umgebung für ältere Menschen schaffen.

Heilung und Genesung

- Die Unterstützung von Missbrauchsüberlebenden in ihrer physischen und emotionalen Genesung ist wesentlich.

- Indem wir Beratung, Therapieoptionen und Ressourcen zur Wiederherstellung des Vertrauens und der Würde bereitstellen, können Überlebende heilen und ihr Selbstwertgefühl wiedererlangen.

Advocacy und politische Veränderungen

• Die Förderung von Advocacy-Maßnahmen und politischen Veränderungen ist entscheidend, um den Missbrauch älterer Menschen effektiv zu bekämpfen.

• Die Stärkung von Schutzbehörden für ältere Menschen, die Verbesserung der Bemühungen der Strafverfolgungsbehörden und die Förderung von gesetzlichen Reformen können eine sicherere und gerechtere Gesellschaft für ältere Menschen schaffen.

Systemische Veränderungen in der Seniorenbetreuung

• Die Förderung systemischer Veränderungen in der Seniorenbetreuung ist notwendig, um eine personenzentrierte Betreuung zu gewährleisten, Missbrauch und Vernachlässigung zu verhindern, Gesundheits- und Sozialdienste zu integrieren und Pflegepersonen zu unterstützen.

• Entwicklung der Arbeitskräfte, Altern in der vertrauten Umgebung, Technologie und Innovation sowie politische Advocacy sind zentrale Handlungspunkte für systemische Veränderungen.

Die Bewältigung des Missbrauchs älterer Menschen erfordert einen umfassenden und vielschichtigen Ansatz, der Bildung, Aufklärung, Intervention, Unterstützung und Advocacy umfasst. Indem wir die oben zusammengefassten Schlüsselerkenntnisse und Handlungspunkte verstehen, können wir aktiv dazu beitragen, eine sicherere und respektvollere Umgebung für ältere Menschen zu schaffen. Lasst uns diese Erkenntnisse und Handlungspunkte verinnerlichen und uns dazu verpflichten, einen Unterschied im Leben unserer Angehörigen und älteren Menschen in unseren Gemeinschaften zu bewirken. Gemeinsam können wir an einer Zukunft arbeiten, in der der Missbrauch älterer Menschen ausgelöscht ist und alle älteren Menschen mit Würde, Respekt und der Lebensqualität altern können, die sie verdienen.

Förderung von Gemeinschaftsbeteiligung und Engagement

Die Förderung von Gemeinschaftsbeteiligung und Engagement ist entscheidend für die Bekämpfung des Missbrauchs älterer Menschen und die Schaffung einer unterstützenden Umgebung für ältere Erwachsene. Gemeinschaften spielen eine wichtige Rolle bei der Prävention von Missbrauch, der Unterstützung von Überlebenden und der Förderung von Bewusstsein und Bildung. Durch die Förderung von Gemeinschaftsbeteiligung können wir soziale Verbindungen stärken, ein Gefühl kollektiver Verantwortung aufbauen und Einzelpersonen ermächtigen, Maßnahmen zu ergreifen. In diesem Abschnitt werden wir die Bedeutung der Gemeinschaftsbeteiligung, die Vorteile, die sie mit sich bringt, und Strategien zur Förderung des Engagements erkunden.

Bedeutung der Gemeinschaftsbeteiligung Prävention

Gemeinschaftsbeteiligung ist wesentlich für die Prävention von Missbrauch älterer Menschen. Indem sie eine Kultur der Fürsorge, des Respekts und der Verantwortlichkeit fördert, können Gemeinschaften eine schützende Umgebung für ältere Menschen schaffen. Gemeindemitglieder können auf Anzeichen von Missbrauch achten, bei Bedarf eingreifen und sich für präventive Maßnahmen einsetzen.

Unterstützung

Gemeinschaftsbeteiligung bietet ein wichtiges Unterstützungsnetzwerk für ältere Menschen und ihre Pflegepersonen. Sie fördert soziale Verbindungen, reduziert

Isolation und verbessert das allgemeine Wohlbefinden. Gemeindemitglieder können emotionale Unterstützung, praktische Hilfe und Entlastungspflege bieten, die Last für Pflegepersonen lindern und älteren Menschen ein Zugehörigkeitsgefühl vermitteln.

Bewusstsein und Bildung

Engagierte Gemeinschaften können das Bewusstsein für den Missbrauch älterer Menschen schärfen und Bildungsinitiativen fördern. Durch die Organisation von Workshops, Seminaren und Gemeindeveranstaltungen können sie Informationen über die Anzeichen von Missbrauch, Präventionsstrategien und verfügbare Ressourcen verbreiten. Gemeindemitglieder können zu Veränderungsbotschaftern werden, Wissen verbreiten und andere ermächtigen, Maßnahmen zu ergreifen.

Advocacy

Gemeinschaftsbeteiligung stärkt die Bemühungen zur Bekämpfung des Missbrauchs älterer Menschen auf lokaler, regionaler und nationaler Ebene. Engagierte Gemeinschaften können mit Advocacy-Organisationen zusammenarbeiten, an öffentlichen Konsultationen teilnehmen und sich für politische Veränderungen einsetzen, die das Wohlbefinden und die Rechte älterer Menschen priorisieren. Sie können die kollektive Stimme verstärken, Entscheidungsträger beeinflussen und systemische Veränderungen vorantreiben.

Vorteile der Gemeinschaftsbeteiligung Soziale Kohäsion

Gemeinschaftsbeteiligung fördert soziale Kohäsion, indem sie Gemeindemitglieder um eine gemeinsame Sache versammelt. Sie schafft ein Zugehörigkeitsgefühl, stärkt soziale Verbindungen und fördert gegenseitige Unterstützung und Solidarität.

Gesteigertes Bewusstsein

Engagierte Gemeinschaften erhöhen das Bewusstsein für den Missbrauch älterer Menschen, sodass mehr Menschen die Anzeichen erkennen, seine Auswirkungen verstehen und wissen, wie sie reagieren können. Dieses gesteigerte Bewusstsein schafft eine wachsame Gemeinschaft, die proaktiv in der Prävention und Bewältigung von Missbrauch älterer Menschen tätig ist.

Frühes Eingreifen

Gemeinschaften, die aktiv involviert sind, können Missbrauchsfälle bei älteren Menschen frühzeitig erkennen und eingreifen. Indem sie Gemeindemitglieder ermutigen, ihre Bedenken zu äußern und Verdachtsmomente zu melden, können rasche Maßnahmen ergriffen werden, um ältere Menschen zu schützen und weiteren Schaden zu verhindern.

Ganzheitliche Unterstützung

Engagierte Gemeinschaften bieten ganzheitliche Unterstützung für ältere Menschen und ihre Pflegepersonen. Sie bieten praktische Hilfe, emotionale Unterstützung und Zugang zu Ressourcen wie Beratungsdiensten, Unterstützungsgruppen und Entlastungspflege. Diese Unterstützung verbessert das Wohlbefinden und die Lebensqualität älterer Menschen.

Strategien zur Förderung der Gemeinschaftsbeteiligung Gemeinschaftspartnerschaften

Fördern Sie Partnerschaften zwischen Gemeinschaftsorganisationen, lokalen Unternehmen, Gesundheitsdienstleistern, Glaubensgemeinschaften und Advocacy-Gruppen. Arbeiten Sie an Initiativen zusammen, teilen Sie

Ressourcen und nutzen Sie Fachkenntnisse, um den Missbrauch älterer Menschen gemeinsam anzugehen.

Gemeinschaftsveranstaltungen und Workshops

Organisieren Sie Gemeinschaftsveranstaltungen, Workshops und Bildungssitzungen zur Prävention, Erkennung und Reaktion auf den Missbrauch älterer Menschen. Laden Sie Gastredner, Experten und Fachleute ein, ihr Wissen zu teilen und praktische Anleitung für Gemeindemitglieder bereitzustellen.

Freiwilligenprogramme

Entwickeln Sie Freiwilligenprogramme, die sich gezielt auf die Unterstützung von älteren Menschen und ihren Pflegepersonen konzentrieren. Gewinnen Sie Freiwillige und schulen Sie sie, um Gesellschaft zu leisten, Unterstützung bei täglichen Aktivitäten, Transport und Entlastungspflege zu bieten. Freiwillige können auch als Befürworter agieren und als Informationsquelle und Unterstützung in der Gemeinschaft dienen.

Generationenübergreifende Programme

Schaffen Sie Möglichkeiten für generationenübergreifende Interaktion und Engagement. Ermutigen Sie die Zusammenarbeit zwischen älteren Menschen und jüngeren Generationen durch Mentorenprogramme, generationenübergreifende Aktivitäten und Gemeinschaftsprojekte. Dies fördert gegenseitiges Verständnis, Respekt und Wertschätzung zwischen verschiedenen Altersgruppen.

Nachbarschaftswacheprogramme

Richten Sie Nachbarschaftswacheprogramme ein, die den Schutz älterer Menschen einschließen. Ermutigen Sie

Gemeindemitglieder zur Wachsamkeit und zur Meldung verdächtiger Aktivitäten oder Bedenken im Zusammenhang mit dem Wohlergehen älterer Menschen. Stellen Sie sicher, dass Informationen zur Meldung von Missbrauch für alle Gemeindemitglieder leicht zugänglich sind.

Gemeinschaftsweite Aufklärungskampagnen

Starten Sie gemeindeweite Aufklärungskampagnen, um Bewohner über den Missbrauch älterer Menschen aufzuklären. Nutzen Sie verschiedene Kanäle wie soziale Medien, lokale Zeitungen, Gemeindetafeln und öffentliche Serviceankündigungen, um Informationen zu verbreiten, Geschichten zu teilen und verfügbare Ressourcen zu fördern.

Unterstützungsgruppen

Erleichtern Sie Unterstützungsgruppen für Pflegepersonen und ältere Menschen, die Missbrauch erfahren haben. Diese Gruppen bieten einen sicheren Raum zum Teilen von Erfahrungen, bieten emotionale Unterstützung und voneinander lernen. Gemeindemitglieder können sich freiwillig als Moderatoren beteiligen oder Ressourcen für diese Gruppen bereitstellen.

Gemeinsame Initiativen

Arbeiten Sie mit örtlichen Strafverfolgungsbehörden, Gesundheitsdienstleistern und Sozialdienstorganisationen zusammen, um koordinierte Reaktionen auf den Missbrauch älterer Menschen zu entwickeln. Richten Sie Protokolle für den Austausch von Informationen, gemeinsame Ermittlungen und die Bereitstellung von Unterstützungsdiensten ein.

Die Förderung von Gemeinschaftsbeteiligung und Engagement ist entscheidend für die Bekämpfung des Missbrauchs älterer

Menschen und die Schaffung einer unterstützenden Umgebung für ältere Erwachsene. Durch die Förderung eines Verantwortungsbewusstseins, die Erhöhung des Bewusstseins, die Bereitstellung von Unterstützung und die Förderung von Advocacy können engagierte Gemeinschaften einen erheblichen Einfluss auf die Prävention und Bewältigung von Missbrauch älterer Menschen haben. Die Vorteile der Gemeinschaftsbeteiligung erstrecken sich über die individuelle Ebene hinaus und stärken die soziale Kohäsion, wodurch eine Gesellschaft entsteht, die ihre älteren Mitglieder schätzt und schützt. Lassen Sie uns uns dazu verpflichten, die Gemeinschaftsbeteiligung zu fördern und gemeinsam daran zu arbeiten, eine sicherere, inklusivere und mitfühlendere Gemeinschaft für ältere Menschen aufzubauen.

Verpflichtung zum Schutz unserer Lieben und zur Ausrottung von Misshandlung älterer Menschen

Misshandlung älterer Menschen ist ein zutiefst beunruhigendes und weit verbreitetes Problem, das unzählige ältere Erwachsene weltweit betrifft. Wie wir in diesem Buch erkundet haben, handelt es sich um ein Problem, das dringend Aufmerksamkeit und gemeinsames Handeln erfordert. Um wirklich einen Unterschied zu machen, müssen wir uns verpflichten, unsere Lieben zu schützen und Misshandlung älterer Menschen aus unserer Gesellschaft zu tilgen. In diesem Abschnitt werden wir die Bedeutung dieser Verpflichtung ergründen, die Maßnahmen, die wir ergreifen können, und die transformative Wirkung, die sie haben kann.

Die Bedeutung der Verpflichtung erkennen

Misshandlung älterer Menschen gedeiht im Schweigen und der Geheimhaltung, oft hinter verschlossenen Türen. Sich zu verpflichten, unsere Lieben zu schützen, bedeutet anzuerkennen, dass Misshandlung älterer Menschen eine ernsthafte Verletzung der Menschenrechte ist und eine direkte Bedrohung für das Wohlergehen und die Würde älterer Erwachsener darstellt. Es ist eine Verpflichtung, sich gegen Misshandlung einzusetzen, das Bewusstsein zu schärfen und eine sichere und respektvolle Umgebung für ältere Menschen zu schaffen, in der sie mit Würde altern können.

Förderung von Bewusstsein und Bildung

Die Verpflichtung beginnt mit der Förderung von Bewusstsein und Bildung. Indem wir uns selbst und andere über die Anzeichen, Risikofaktoren und Konsequenzen von Misshandlung älterer Menschen aufklären, können wir sie effektiver erkennen und darauf reagieren. Wir können Gespräche mit Familie, Freunden und Gemeindemitgliedern führen, Wissen und Ressourcen teilen, um ein Netzwerk der Unterstützung und Wachsamkeit zu schaffen.

Förderung offener Kommunikation

Die Verpflichtung zum Schutz unserer Lieben beinhaltet die Förderung offener Kommunikationskanäle. Wir müssen eine Umgebung schaffen, in der sich ältere Menschen wohl fühlen, ihre Bedenken besprechen, ihre Erfahrungen teilen und Hilfe suchen können, ohne Angst vor Beurteilung oder Vergeltung haben zu müssen. Durch die Förderung offener Dialoge können wir den Kreislauf des Schweigens durchbrechen und ältere Menschen ermächtigen, sich gegen Misshandlung auszusprechen.

Aufbau starker Unterstützungsnetzwerke

Die Verpflichtung erfordert den Aufbau starker Unterstützungsnetzwerke für ältere Menschen. Dies umfasst die Verbindung mit örtlichen Ressourcen, Gemeinschaftsorganisationen und Advocacy-Gruppen, die sich auf die Prävention von Misshandlung älterer Menschen und Unterstützungsdienste spezialisiert haben. Durch aktive Beteiligung an diesen Netzwerken können wir Informationen abrufen, Überlebende unterstützen und dazu beitragen, die Bemühungen zur Ausrottung von Misshandlung älterer Menschen zu verstärken.

Melden von Verdachtsfällen

Die Verpflichtung zum Schutz unserer Lieben bedeutet, proaktiv Verdachtsfälle von Misshandlung älterer Menschen zu melden. Wir müssen unsere Ängste und Bedenken über die möglichen Konsequenzen der Meldung überwinden und verstehen, dass unsere Handlungen Leben retten und weiteren Schaden verhindern können. Durch die Meldung von Missbrauch an die entsprechenden Behörden spielen wir eine entscheidende Rolle dabei, den Kreislauf des Missbrauchs zu durchbrechen und sicherzustellen, dass Täter zur Rechenschaft gezogen werden.

Für Policy-Änderungen eintreten

Die Verpflichtung erstreckt sich auf das Eintreten für Policy-Änderungen, die den rechtlichen Schutz und die Unterstützungsdienste für ältere Menschen stärken. Wir können uns an Graswurzel-Advocacy-Bemühungen beteiligen, lokale Vertreter kontaktieren, an öffentlichen Konsultationen teilnehmen und uns mit Advocacy-Organisationen zusammenschließen. Durch die Verstärkung unserer kollektiven Stimme können wir politische Entscheidungen beeinflussen, legislative Reformen vorantreiben und einen robusteren Rahmen für die Prävention und Intervention von Misshandlung älterer Menschen schaffen.

Unterstützung von Pflegepersonen

Die Anerkennung der wichtigen Rolle, die Pflegepersonen im Leben älterer Menschen spielen, umfasst auch deren Unterstützung und Ermächtigung. Burnout und Stress von Pflegepersonen können zur Misshandlung älterer Menschen beitragen, daher ist die Bereitstellung von Entlastungspflege, Bildung und emotionaler Unterstützung entscheidend. Indem wir uns für Programme und Ressourcen zur Unterstützung von Pflegepersonen einsetzen, tragen wir zum allgemeinen Wohlbefinden älterer Menschen bei und helfen, gesündere Pflegeumgebungen zu schaffen.

Herausforderung von Altersdiskriminierung und Stereotypen

Die Verpflichtung zum Schutz unserer Lieben erfordert die Herausforderung von Altersdiskriminierung und Stereotypen, die die Misshandlung älterer Menschen aufrechterhalten. Wir müssen eine Gesellschaft fördern, die ältere Menschen wertschätzt und respektiert und ihre Weisheit, Erfahrungen und Beiträge würdigt. Indem wir positive Erzählungen fördern und altersdiskriminierende Einstellungen hinterfragen, können wir eine Kultur schaffen, die ältere Menschen mit Würde behandelt und ihren Schutz sicherstellt.

Förderung der intergenerationellen Verbindung

Die Verpflichtung beinhaltet die Förderung von intergenerationellen Verbindungen und Verständnis. Durch die Förderung von Interaktionen zwischen älteren Menschen und jüngeren Generationen können wir Barrieren abbauen, Empathie fördern und ein Gefühl der gegenseitigen Abhängigkeit schaffen. Durch gemeinsame Erfahrungen und gegenseitigen Respekt können wir eine Gesellschaft aufbauen, die das Wohlergehen aller ihrer Mitglieder schätzt.

Kontinuierliches Lernen und Verbessern

Die Verpflichtung zum Schutz unserer Lieben und zur Ausrottung von Misshandlung älterer Menschen erfordert kontinuierliches Lernen und Verbessern. Wir müssen uns über sich entwickelnde bewährte Praktiken, Forschungsergebnisse und aufkommende Trends in der Prävention und Intervention von Misshandlung älterer Menschen auf dem Laufenden halten. Durch das aktive Suchen nach neuem Wissen und das Hinterfragen unserer eigenen Vorurteile können wir unsere Ansätze anpassen und einen größeren Einfluss auf den Schutz älterer Menschen erzielen.

Sich zum Schutz unserer Lieben zu verpflichten und Misshandlung älterer Menschen auszurotten, ist ein moralisches Gebot und eine gemeinsame Verantwortung. Es erfordert aktive Beteiligung, Bewusstsein, Bildung und Advocacy. Durch die Förderung von Bewusstsein, die Förderung offener Kommunikation, den Aufbau von Unterstützungsnetzwerken, das Melden von Verdachtsfällen, das Eintreten für Policy-Änderungen, die Unterstützung von Pflegepersonen, die Herausforderung von Altersdiskriminierung, die Förderung von intergenerationellen Verbindungen und das kontinuierliche Lernen können wir einen transformative Unterschied im Leben älterer Menschen bewirken. Lasst uns in unserer Verpflichtung vereint stehen und unermüdlich daran arbeiten, eine Gesellschaft zu schaffen, in der ältere Menschen geschätzt, respektiert und vor den Schrecken der Misshandlung geschützt werden. Gemeinsam können wir eine Zukunft aufbauen, in der jede ältere Person mit Würde, Sicherheit und der Liebe altern kann, die sie verdienen.

FAZIT

In dieser umfassenden Untersuchung von Misshandlung älterer Menschen haben wir Licht auf die verborgenen Schrecken geworfen, mit denen ältere Erwachsene konfrontiert sind, und Strategien diskutiert, um unsere Lieben zu schützen und eine Zukunft frei von Misshandlung älterer Menschen aufzubauen. Im Verlauf dieses Buches haben wir uns mit den verschiedenen Formen von Misshandlung älterer Menschen befasst, die Faktoren untersucht, die zu ihrem Auftreten beitragen, die Bedeutung der Erkennung der Anzeichen hervorgehoben und die Profile der Täter erforscht. Wir haben auch die Verbreitung von Misshandlung älterer Menschen, die vorhandenen rechtlichen Rahmenbedingungen und die notwendigen systemischen Veränderungen diskutiert, um eine sicherere Umgebung für ältere Erwachsene zu schaffen. Jetzt, da wir diese Reise abschließen, bleibt uns ein tiefes Verständnis für die dringende Notwendigkeit, dieses weit verbreitete Problem anzugehen.

Misshandlung älterer Menschen ist ein zutiefst beunruhigendes Problem, das Millionen von älteren Erwachsenen weltweit betrifft. Es stellt eine Verletzung der Menschenrechte dar, untergräbt die Würde und beeinträchtigt das Wohlergehen unserer alternden Bevölkerung. Es ist unerlässlich, dass wir Maßnahmen ergreifen, um unsere Lieben zu schützen und eine Gesellschaft zu schaffen, in der ältere Erwachsene sicher, respektiert und mit der Lebensqualität leben können, die sie verdienen.

Im Verlauf der Kapitel dieses Buches haben wir wertvolle Einblicke und Wissen über Misshandlung älterer Menschen gewonnen. Wir haben gelernt, welche verschiedenen Formen sie annehmen kann, darunter physische, emotionale, sexuelle, finanzielle und vernachlässigende Misshandlung. Wir haben die komplexen Faktoren untersucht, die zu ihrem Auftreten beitragen, wie Altersdiskriminierung, Stress von Pflegepersonen, soziale Isolation und mangelndes Bewusstsein und Ressourcen. Indem wir die verschiedenen Aspekte von Misshandlung älterer Menschen verstehen, sind wir besser in der Lage, dem Problem direkt entgegenzutreten.

Die Erkennung der Anzeichen von Misshandlung älterer Menschen ist von höchster Bedeutung. Wir haben die körperlichen und Verhaltensindikatoren diskutiert, die auf Misshandlung hinweisen können, wie unerklärliche Verletzungen, plötzliche Verhaltensänderungen, finanzielle Ausbeutung und soziale Isolation. Indem wir wachsam und proaktiv diese Anzeichen erkennen, können wir eingreifen und notwendige Schritte zum Schutz unserer Lieben unternehmen.

Bei der Bewältigung von Misshandlung älterer Menschen sind Zusammenarbeit und Gemeindebeteiligung unerlässlich. Familien, Gemeinschaften, Organisationen und politische Entscheidungsträger haben alle eine Rolle dabei, Misshandlung älterer Menschen zu verhindern und anzugehen. Familien müssen offene Kommunikation fördern, emotionale Unterstützung bieten und eine Umgebung schaffen, in der ältere Erwachsene sich sicher fühlen, ihre Bedenken zu teilen. Gemeinschaften können das Bewusstsein schärfen, Unterstützungsnetzwerke aufbauen und eine Kultur schaffen, die ältere Erwachsene schätzt und respektiert.

Organisationen und politische Entscheidungsträger müssen die Entwicklung und Umsetzung von umfassenden Strategien, Gesetzen und Vorschriften priorisieren, um ältere Erwachsene vor Misshandlung zu schützen und ihr Wohlbefinden sicherzustellen.

Legislative Bemühungen spielen eine entscheidende Rolle bei der Bekämpfung von Misshandlung älterer Menschen. Regierungen müssen Gesetze erlassen und durchsetzen, die sich gezielt mit Misshandlung älterer Menschen befassen, rechtlichen Schutz bieten und Ressourcen für Prävention, Intervention und Unterstützungsdienste bereitstellen. Gesetze zur obligatorischen Meldung, erweiterte Hintergrundprüfungen für Pflegepersonen und strenge Überwachungsmechanismen sind entscheidende Schritte, um eine sicherere Umgebung für ältere Erwachsene zu schaffen.

Systemische Veränderungen im Rahmen der Altenpflege sind erforderlich, um die Ursachen von Misshandlung älterer Menschen anzugehen. Wir müssen uns für personenzentrierte Pflege einsetzen, Gesundheits- und Sozialdienste integrieren, in Unterstützung und Schulung von Pflegepersonen investieren und Überwachungs- und Überwachungsmechanismen verbessern. Durch die Förderung eines ganzheitlichen und mitfühlenden Ansatzes zur Altenpflege können wir eine Umgebung schaffen, die das Wohlergehen und die Würde älterer Erwachsener schützt.

Bildung und Bewusstseinsförderung sind Schlüssel im Kampf gegen Misshandlung älterer Menschen. Durch die Verbreitung von Informationen, die Durchführung von Bewusstseinskampagnen und die Förderung von Bildungsinitiativen können wir Einzelpersonen, Familien, Pflegepersonen und Gemeinschaften befähigen, Misshandlung älterer Menschen zu erkennen und zu verhindern. Schulungsprogramme für Fachkräfte und Pflegepersonen können sie mit dem notwendigen Wissen und den Fähigkeiten ausstatten, um eine mitfühlende und ethische Pflege zu bieten.

Zusammenfassend erfordert der Kampf gegen Misshandlung älterer Menschen gemeinsame Anstrengungen und eine Verpflichtung, unsere Lieben zu schützen. Indem wir die Anzeichen von Misshandlung erkennen, das Bewusstsein schärfen, sich für politische Änderungen einsetzen, die Gemeindebeteiligung fördern und systemische Veränderungen in der Altenpflege umsetzen, können wir gemeinsam an einer Zukunft arbeiten, in der Misshandlung älterer Menschen ausgerottet ist und ältere Erwachsene mit Würde, Respekt und Sicherheit altern können. Lasst uns das aus diesem Buch gewonnene Wissen und die gewonnenen Erkenntnisse in sinnvolle Maßnahmen umsetzen. Gemeinsam können wir eine Gesellschaft schaffen, die ihre älteren Mitglieder schätzt und schützt und so eine hellere Zukunft für kommende Generationen gewährleistet.

www.ingramcontent.com/pod-product-compliance
Lightning Source LLC
LaVergne TN
LVHW061543070526
838199LV00077B/6882